PETIT

DICTIONNAIRE HISTORIQUE,

POUR SERVIR

A L'INSTRUCTION

DE LA JEUNESSE.

PETIT

DICTIONNAIRE HISTORIQUE,

POUR SERVIR

A L'INSTRUCTION

DE LA JEUNESSE.

A PARIS,

Chez DÉROY, Libraire et Commiss^re, rue
du Cimetière André-des-Arcs, n° 15.

AN V. — 1796.

AVERTISSEMENT.

L'ÉTUDE de l'histoire générale ne paraît guère convenir à la première jeunesse ; c'est un champ trop vaste pour qu'elle puisse en saisir l'ensemble et les rapports. Pour retirer quelque fruit de cette étude, il faut que la raison soit développée, qu'on ait acquis de l'expérience, et qu'on soit susceptible des différentes passions qui meuvent les hommes ; sans cela, comment s'approprierait-on les événemens historiques ? Il importe peu de connaître ces faits mémorables, s'ils ne servent que d'ornement à la mémoire, si l'esprit et le cœur ne profitent pas de cette connaissnace : voilà le but qu'on doit se proposer, et que les enfans ne peuvent atteindre. Il faut donc se conformer à la foiblesse de leurs moyens, et leur présenter les individus avant de leur offrir des masses et des combinaisons. Telle est la marche indiquée par la nature. Il s'ensuit que dans l'ordre de l'instruction, celle de la biographie doit précéder l'histoire proprement dite, et c'est pour faciliter cette instruction, que nous publions ce *petit Dictionnaire historique*.

Les ouvrages qui existent dans ce genre ne sont pas susceptibles d'être mis dans les mains des enfans, soit parce qu'ils sont trop étendus, soit parce qu'ils n'ont pas été rédigés dans cette intention ; la brièveté de celui-ci l'approprie naturellement à cet usage. Il offre dans un petit volume une notion abrégée de tous les personnages qui, dans tous les siècles et à différentes époques, ont le plus honoré la nature humaine. Les proposer de bonne heure à l'imitation et à l'émulation de la jeunesse, c'est développer en elle l'instinct des vertus et des talens ; c'est l'accoutumer par des exemples à se passionner pour le beau moral, et par conséquent lui inspirer de l'éloignement pour les vices qui dégradent.

Le mérite de ce Recueil ne sauroit donc être contesté, sur-tout dans un moment où l'ignorance et l'immoralité menacent d'envahir la génération qui s'élève. On ne sauroit trop multiplier les moyens de l'en préserver, et nous croyons qu'on nous saura quelque gré d'un travail entrepris dans cette vue. Nous l'offrons aux instituteurs et aux pères de famille qui, jaloux de la gloire et du bonheur de leurs enfans et de leurs élèves, y trouveront des modèles variés des talens et des vertus qui assurent l'un et l'autre.

PETIT DICTIONNAIRE HISTORIQUE,

POUR SERVIR

A L'INSTRUCTION

DE LA JEUNESSE.

A

Addisson, un de ces hommes que les lettres ont élévé aux honneurs. Tandis qu'en France, l'Auteur de *Télémaque* était exilé de la cour, que le parlement bannissait du royaume le lyrique Rousseau, et que l'Auteur d'*Atrée* était déshérité par son père et négligé par le gouvernement; en Angleterre, le poëte Prior était nommé ambassadeur, et Addisson secrétaire d'état. Le préjugé long-tems accrédité parmi nous, que les gens de lettres sont incapables de tenir le timon des affaires, était inconnu aux Anglais; et ce peuple avait la bonhomie de croire que ceux qui éclairent leurs semblables, peuvent aussi les gouverner.

Addisson élevé au ministère sans l'avoir brigué, le quitta bientôt pour se livrer entièrement à son goût pour les lettres. Il reçut le nom de Sage, parce que dans ses écrits, il chercha à plier le génie

Anglais à l'ordre, aux règles, aux convenances : il le mérita aussi par son caractère et sa conduite.

Sa tragédie de *Caton*, est la pièce la plus régulière qu'ait produit l'Angleterre. On y trouve des morceaux sublimes ; et le rôle de Caton est admirable. Comme philosophe, Addisson a plus de droits encore à l'estime de la postérité. Les extraits de Morale et de Critique qu'il a fournis au *Spectateur*, au *Curateur* et au *Babillard* de *Steele*, décèlent autant de raison et de profondeur que de goût. N'oublions pas de dire que, le premier, il reconnut le mérite du *Paradis perdu*, et qu'il avertit sa Patrie, qu'elle avait aussi son Homère.

Addisson mourut en 1719, n'étant âgé que de 47 ans.

Agésilas, roi des Lacédémoniens, répara par les qualités de l'ame, les défauts de son extérieur. Il ébranla l'empire des Perses, et tant qu'il fut à la tête des armées, Sparte triompha de ses ennemis. Il mourut à l'âge de 85 ans, en revenant de son expédition d'Egypte, où il avait affermi le trône de *Nectanebus*.

» Agésilas, était adoré des soldats, dont il partageait les travaux et les dangers. Dans son expédition d'Asie, il étonnait les barbares par la simplicité de son extérieur et par l'élévation de ses sentimens. Dans tous les tems, il nous étonnait par de nouveaux traits de désintéressement, de frugalité, de modération et de bonté. Sans se souvenir de sa grandeur, sans craindre que les autres l'oubliassent, il était d'un accès facile, d'une familiarité touchante, sans fiel, sans jalousie, toujours prêt à écouter nos plaintes ; enfin le Spartiate le plus rigide n'avait pas des mœurs plus austères ; l'Athénien le plus aimable n'eut jamais plus d'agrément

» dans l'esprit. Je n'ajoute qu'un trait à cet » éloge. Dans ces conquêtes brillantes qu'il fit » en Asie, son premier soin fut toujours d'a» doucir le sort des prisonniers, et de rendre la » Liberté aux Esclaves ».

(*Voyage du jeune Anacharsis.*)

Agis, jeune roi des Lacédémoniens, et seul capable de reconcilier l'homme libre avec les rois, si une éternelle barrière ne devait les séparer. A peine fut-il monté sur le trône, qu'il pensa à faire revivre l'ancienne discipline de Lycurgue, à abolir les dettes, et à faire un nouveau partage des terres. Cette réforme déplut aux aristocrates et aux femmes de Lacédémone. Agis fut mis en prison et étranglé par ordre d'un Ephore, la dernière année de la 134 olympiade. Avant que de rendre le dernier soupir, il dit à quelqu'un qu'il voyait pleurer: « essuyez vos larmes ; car, puisque » c'est l'injustice qui me fait mourir, *je* mérite » moins d'être pleuré que les auteurs de ma mort.» Agis n'était âgé que de 20 ans, et avait déjà donné des preuves de son courage à la guerre.

Agricola, est le premier Général Romain qui ait soumis l'Hibernie et le pays des Pictes, c'est-à-dire l'Irlande et l'Écosse ; sa gloire le rendit suspect à Domitien, qui le rappella, et hâta, dit-on, sa mort par le poison. Tacite, son gendre, qui a élevé à la mémoire d'Agricola un des plus beaux monumens historiques de l'antiquité, nous le représente aussi grand dans la vie privée, qu'à la tête des armées ; tout à la fois bon père, bon époux et bon fils, simple dans son extérieur, modeste, égal enfin aux premiers Romains de la République.

Agrippa, célèbre Romain, conserva sous la monarchie les sentimens de la République; c'est lui qu'Auguste dût malheureusement ses triomphes et l'empire du monde. Mais ce qui doit l'immortaliser bien plus que ses victoires et les ouvrages dont il embellit la ville de Rome, c'est le conseil généreux qu'il donna à Auguste de rétablir la Liberté. On sait que l'avis du courtisan Mécène prévalut. Que devait faire alors Agrippa? Il devait prendre les armes contre l'oppresseur de sa Patrie; bien sûr d'être secondé par les hommes libres qui avaient échappé aux débris de la République; c'était le seul moyen d'expier le crime qu'il avait commis en embrassant le parti des Triumvirs; mais le dogme sacré de l'insurrection n'était pas encore proclamé; mais Agrippa était l'ami d'Auguste, et il devint ensuite son gendre.

AMÉRIC-VESPUCE, heureux Navigateur qui a ravi à Colomb la gloire de donner son nom au nouveau monde. Améric doit cette faveur du sort à la relation de ses voyages, qui répandue en Europe, forma et accrédita l'opinion qu'il avait découvert le nouvel hémisphère. Ce navigateur mourut en 1516. Il est le premier qui ait cinglé vers le sud par la côte du Brésil. On croit même qu'il reconnut les îles appellées aujourd'hui Malouines ou Falkland.

AMIOT. On peut lui appliquer ce que Despréaux a dit de Regnier :

Dans son vieux style encor a des grâces nouvelles.

Ceux qui voudront connaître quel était le génie de notre langue au seizième siècle, n'ont qu'à lire Amiot; ils y verront que, pour l'abondance, elle ne le cédait à aucun des idiomes de l'europe; qu'elle avait au dessus d'eux la naïveté, la précision et souvent l'énergie. Lafontaine, Racine et Rousseau, le Lyrique, ne se lassaient point de lire Amiot,

Rabelais et Montagne : et l'on voit qu'ils ont fait ample moisson dans ces écrivains si injustement dédaignés par le purisme Académique, mais qui auront toujours des charmes pour les amateurs du naïf et du naturel. Amiot s'éleva de la condition la plus obscure jusqu'au rang d'Archevêque et de grand Aumônier : il dût cette fortune à la traduction des œuvres de Plutarque, et a *l'honneur* de diriger les études de Henri III. et de Charles IX.

Anacharsis, Philsophe Scythe, voyagea chez les Grecs et se concilia l'estime de ce peuple dédaigneux, par son savoir et par l'austérité de ses mœurs. De retour dans sa patrie, il voulut mettre à profit les leçons de Solon et naturaliser chez les Hyperboréens les loix salutaires de la Grece. Mais il eut le sort de ces philosophes qui ont tenté d'éclairer leur pays. Il fut calomnié, persécuté et enfin mis à mort par le Tyran de la Scythie. On lui attribue deux Sentences qui peuvent donner une juste idée de son esprit et de son caractère. Un Grec lui ayant reproché qu'il était Scythe, » Je sais, lui répondit Anacharsis, que ma patrie » ne m'honore pas beaucoup ; mais vous déshonorez la vôtre. » Une autre fois il demanda à un pilote de quelle épaisseur étaient les planches du vaisseau ; et celui-ci lui ayant répondu *de tant de pouces* ; le philosophe lui répliqua, *nous ne sommes donc éloignés de la mort que d'autant.*

Anaxagore, Philosophe, ami de Périclès, de Socrate et d'Aspasie. Quoiqu'il eût reconnu le premier une intelligence suprême qui avait débrouillé le cahos, il fut accusé d'impiété, et condamné à mort par contumace. On a pu remarquer en lisant l'histoire, que les êtres appellés dévôts, sont les mêmes dans tous les siècles et dans tous les pays. Partout et en tout tems, ils se sont montrés ignorans, lâches et persécuteurs. Mais il faut l'avouer, jamais l'accusation d'impiété n'a été plus familière et surtout plus facile qu'aux dévots du christianisme. Toutes les fois qu'un philosophe a énoncé des idées qui choquaient leurs préjugés et leurs droits, ou répandu quelques lumières sur les phénomènes de la nature, il s'est vu dévoué par eux aux plus étranges persécutions. C'est ainsi que le Muphti Zacharie Anathématisa l'évêque Vigile, pour avoir soutenu l'existence des Antipodes. C'est ainsi qu'au dix-septième siècle, (la postérité pourra-t-elle le croire ?) le grand Galilée fut jeté dans les cachots de l'Inquisition, pour avoir enseigné le mouvement de la terre. En cela les Muphtis et les dévots nous paraissent très-conséquens ; car s'il est vrai, comme nous le croyons aujourd'hui, que la terre se meuve, et que le soleil soit immobile au centre du monde planétaire, il est absurde de dire que Josué ait fait arrêter cet astre. Et dans ce cas, ou le livre de Josué n'est point inspiré ; ou le Saint-Esprit est un fort mauvais physicien et ne connaît pas lui-même le système auquel il a dû travailler, étant l'une des trois personnes, et par-dessus tout, l'intelligence suprême. Or, vous sentez bien que cette double hypothèse ne peut pas être goûtée des Muphtis et des autres charlatans religieux. Que faire dans cette fâcheuse extrémité ? calomnier, puis persécuter, puis emprisonner. Telle a été et telle sera toujours la marche des fanatiques. C'est avec de pareilles armes qu'ils repoussent l'audacieuse vérité ; mais les fanatiques passeront, et la vérité restera. *C'est ce qui nous console.*

Anaximandre, disciple et successeur de Thalès dans l'école Ionienne, inventa la sphère, les cartes géographiques et le gnomon. Il fut le premier qui observa l'obliquité de l'écliptique, et qui enseigna que la lune recevait la lumière du soleil. On assure qu'ayant prévu un tremblement de terre, il en avertit les Lacédémoniens, et que l'événement justifia sa prédiction. Anaximandre, mourut à la fin de la 58ème. Olympiade.

Ankastroem, le Brutus des Suédois, tenta l'année dernière, d'affranchir sa patrie en immolant Gustave. Le tyran tomba, mais le despotisme resta debout ; et le généreux Ankastroem, fût livré à des tortures de Cannibales, qu'il supporta avec un courage héroïque. Il expira, satisfait d'avoir vengé sa patrie, et laissant aux hommes Libres de tous les pays, le soin d'élever leurs voix reconnaissantes au-dessus des vociférations des tyrans et de leurs infâmes satellites. Il ne faut point oublier que le lendemain de la mort d'Ankastroem, les tristes restes de ce Brutus, furent trouvés couverts de lauriers. Ce petit événement est peut-être l'avant-coureur d'une révolution générale dans cette Scandinavie, où, suivant Montesquieu, la Liberté ne saurait être irrévocablement perdue.

Annibal, le plus grand homme de guerre de l'antiquité après César, supérieur même à Scipion qui le vainquit. Annibal, jurant, dès l'âge de neuf ans, une haine implacable aux Romains ; Annibal formant à vingt-cinq le projet d'anéantir leur puissance, et le poursuivant avec une inflexible persévérance ; Annibal franchissant les Pyrénées, la Gaule et les Alpes ; Annibal vainqueur au Tessin, à Trébie, à Trasimène et à Cannes ; Annibal aux portes de Rome ; Annibal se maintenant en Italie pendant plus de onze années malgré le refroidissement successif de ses alliés, malgré les intrigues de la faction d'Hannon, malgré Fabius et Marcellus ; Annibal conservant la discipline et son autorité dans un armée composée d'une infinité de Peuples divers ; Annibal reconnaissant les vices du gouvernement de son pays, et les réformant avec autant de sagacité que de courage,

Annibal soulevant l'Asie contre les vainqueurs de Carthage ; Annibal l'effroi des Romains jusques dans sa retraite ; Annibal enfin, forcé de mourir parce qu'il faisait ombrage à Rome : Annibal a été et sera toujours l'admiration des guerriers et des politiques ; heureux si l'humanité n'avait point eu à gémir de son penchant à la cruauté, et de ses désirs effrénés pour la vengeance !

Anson, célèbre Amiral Anglais, partit en 1740, avec six vaisseaux destinés à porter la guerre sur les côtes du Chili et du Pérou ; mais lorsqu'il eût doublé le Cap Horn, il ne lui en restait que deux. Après les avoir réparés dans l'isle fertile, et alors déserte de Juan-Fernandez, il attaqua et détruisit la riche ville de Payta dans le Chili : il s'avança ensuite dans la mer Pacifique avec le Centurion, le seul des vaisseaux qui lui fut resté, et dont les trois quarts de l'équipage étaient tourmentés par le scorbut ; néanmoins il s'empara du Gallion qui venait de Manille à Acapulco, vaisseau richement chargé et de soixante pièces de canons. Enfin après un voyage de trois ans et demi, il aborda en Angleterre le 4 Juin 1744. Depuis il se signala contre les Français, et mourut en 1762, laissant une grande réputation. L'Amiral Anson joignit aux talens de l'homme de mer, toutes les vertus de l'honnête homme. Il respecta l'humanité, lors même que son bras était armé pour la détruire.

Apollodore, Peintre d'Athénes, florissait vers la quatre-vingt-treizième olympiade ; il fut le premier qui connut l'art du coloris, et qui peignit la Nature avec tous ses agrémens. Mais sa plus grande gloire est d'avoir eu Zeuxis pour disciple.

Apelles, vivait sous Alexandre le Macédonien. Les anciens l'ont placé à la tête de tous leurs

Peintres, soit pour les coups de génie, soit pour les grâces de son pinceau. Après la mort d'Alexandre, il fut appellé en Égypte par Ptolomée qui d'abord le combla de biens et d'honneurs; mais l'envie lui suscita de cruels ennemis; il fut accusé d'avoir conspiré contre le Monarque; il allait être condamné à mort, lorsqu'un des complices découvrit la conspiration, nomma les coupables, et lava Apelles de toute accusation. Ce grand homme n'éprouvant plus que des chagrins en Égypte, se retira à Éphèse. C'est-là, qu'il peignit son fameux tableau de la calomnie, la plus belle image de la force des passions, et le chef-dœuvre de l'antiquité, et qu'il prouva la vérité de cette sentence; qu'il *faut éprouver pour sentir, et sentir pour bien peindre*

Aratus, le Restaurateur de la Liberté Achéene, conçut, dès sa plus tendre jeunesse, le dessein d'affranchir Sycione, sa Patrie; et il fut assez heureux pour le réaliser; ensuite il fit entrer Sycione dans la confédération des Achéens, composée de 13 villes. Devenu Général de cette ligue, il surprit la forteresse de Corinthe, en chassa les Macédoniens, délivra Argos de la tyrannie, réunit à la ligue presque tout le Péloponèse, et mérita que le lieu de sa naissance lui érigea une statue avec le titre de *Sauveur*, au bas. Pourquoi faut-il que la gloire des grands hommes soit rarement exempte de taches? Aratus poussé par sa haine contre Lacédémone, à laquelle Cléomène venait de rendre son antique influence, par le rétablissement des lois de Lycurgue, Aratus fit intervenir les Rois Macédoniens dans les affaires du Péloponnèse. Ce crime de lèze-Liberté ne demeura pas impuni; Aratus empoisonné par Philippe, après avoir vu sa maison déshonorée par ce tyran, put s'écrier en mourant : *voilà la récompense des Rois* ; mais il l'avait méritée. Aratus était aussi bon historien que grand général, si on en juge par le témoignage de Polybe qui s'y connaissait bien.

Archiméde. Son exemple a prouvé deux vérités également importantes ; la première que les sciences tiennent lieu de tout à celui qui les cultive avec enthousiasme. La seconde, qu'elles contribuent puissamment à la conservation et à la prospérité des empires. Quoique parent et ami du Roi Hiéron, Archiméde préféra la vie obscure et paisible d'un physicien, à l'éclat des grandeurs que lui promettait sa naissance. Qui n'a pas entendu parler de ces fameuses machines de guerre qu'il inventa lors du siège de Syracuse par les Romains, et de ces miroirs ardens par le moyen des quels il incendia la flotte ennemie? Archiméde seul par l'utilité de ses inventions, retarda plus la ruine de sa Patrie, que les guerriers qu'elle entretenait à grands frais. Il était si profondément occupé de la solution d'un problême qu'il n'apprit la prise de Syracuse que par le soldat des mains duquel il reçut la mort. Marcellus n'ayant pu sauver la vie de ce grand homme, honora sa mémoire et respecta ses intentions, en lui faisant élever un tombeau, sur lequel on voyait un cylindre et une sphère. La mort d'Archiméde arriva, l'an 546 de Rome.

Aristide. Ce nom est devenu synonime de *Juste*, et ne peut être prononcé sans attendrissement. Aristide exécuta par le seul ascendant de sa vertu, ce que Thémistocle n'avait pu obtenir par sa politique et son activité. Il acquit à sa Patrie l'entière confiance des alliés et la suprématie de la Grece. Thémistocle, Cimon, Periclès, remplirent Athènes de superbes bâtimens, de vastes portiques et de riches statues.

Aristide la remplit de vertus, c'est le témoignage que lui rend Platon.

Aristogiton, le Brutus des Athéniens, s'étant joint à Harmodius, tua le tyran Hiparque, fils de Pisistrate; il eût été plus digne d'éloge, si, à l'amour de la Liberté en lui, ne s'était pas joint le ressentiment d'une injure personnelle. Après l'expulsion d'Hippias, frère d'Hipparque, Athène fit élever dans la place publique des statues au meurtrier des tyrans, honneur qui jusqu'alors n'avait été accordé à personne. Une petite fille d'Aristogiton fut mariée et dotée aux dépens de la République. C'est ainsi que les peuples libres, savent honorer la mémoire de leurs libérateurs. C'est ainsi que la Suède honorera le généreux Ankastroem, lorsque la maison de Holstein qui la tyrannise, ayant comblé la mesure de ses crimes, le peuple reprendra une Liberté que lui assignent le climat et son courage.

Aristote, fondateur de la secte des Péripatéticiens, et l'homme le plus universel qui ait existé chez les Grecs. Politique, rhétorique, physique, morale, histoire naturelle, poëtique, tout a été de son ressort; et il a montré dans des genres si disparates, un génie étendu joint à une merveilleuse sagacité. On a peine à comprendre comment un seul homme avec le peu de ressources que l'on avait alors pour les travaux de longue haleine, a pu laisser de si beaux monumens, surtout dans la partie de l'histoire naturelle où la justesse et la profondeur de ses observations ont étonné Buffon lui-même; et c'est tout dire. Mais que ne peut point un travail infatigable? que ne peut point l'amour ardent de la gloire? ces deux mobiles enfanteront toujours de grandes choses; et l'on ne saurait trop mettre sous les yeux de la jeunesse, les prodiges que l'on doit au travail.

Aristote fut Précepteur d'Alexandre le Macédonien ; mais il a prouvé par son malheureux essai, que les instituteurs ne sont pas toujours les maîtres de façonner les esprits de leurs disciples et de les tourner au bien. Il est vrai qu'Alexandre était Roi, et comme tel, peu susceptible d'une véritable et solide instruction. Ce prince reconnaissait au moins le mérite de son instituteur , lorsqu'il disait que *Philippe lui avait donné la vie : mais qu'Aristote lui avait appris à bien vivre* : assertion qu'il démentit bientôt par sa conduite.

Arria, s'est immortalisée par son courage. Cécinna Pœtus, son mari, étant entré dans la conspiration de Scribonius contre l'Empereur Claude, fut condamné à mort. Arria voyant qu'elle ne pouvait le sauver, prit la résolution de mourir avec lui. Elle s'enfonça un poignard dans le sein ; puis l'ayant retiré, elle le donna à son mari, en lui disant : « tiens mon » cher Pœtus, cela ne fait point de mal. *Pœte » non dolet* ». Pœtus se donna la mort après elle. La jeune Arria, épouse du Stoïcien Thraséa, hérita des vertus et du courage de sa mère.

Artemise, Reine de Carie a été mise par la postérité à la tête du petit nombre des martyres de l'amour conjugal. Après la mort de Mausole, son frère et son époux, elle lui érigea un monument compté parmi les sept merveilles du monde ; ensuite elle fit proposer dans toute la Grece des prix considérables pour ceux qui réussiraient le mieux à faire l'éloge funèbre de son époux. Elle en recueillit les cendres qu'elle mêlait avec sa boisson, voulant en quelque sorte lui servir de tombeau. La tendre Artemise ne survécut pas longtems à l'objet de son amour; elle mourut de douleur auprès du monument qu'elle lui avait fait élever, la deuxième année de la 107 olympiade.

AUGER, savant et laborieux Traducteur des célèbres Orateurs de l'antiquité. Doit-on s'étonner qu'il ait été un des plus ardens ennemis de la tyrannie? Il avait puisé dans Démosthène l'amour de la Patrie et de la Liberté. Il semblait ne respirer que pour elles, et l'on peut dire que les succès de notre révolution ont prolongé une vie que les études les plus pénibles et les travaux les plus assidus minaient sourdement depuis plusieurs années. Il est mort, il y a quelques mois, pleuré de ses amis auxquels il était cher pour sa franchise et pour sa probité, des hommes de lettres dont il honorait la profession, et des Républicains dont les principes étaient gravés dans son cœur. Il a travaillé à la Chronique du mois, avec Condorcet, Lanthenas, Brissot, etc.

B.

BAYARD, surnommé le *Chevalier sans peur et sans reproche*, mérita ce titre par son courage et par cette loyauté naïve que nous sommes réduits à admirer dans les livres. Il se distingua par ses exploits en Italie, et sur les frontières de la Champagne, où il défendit Mezières contre une armée formidable. Cette ville étant faible et mal fortifiée, le Conseil de François premier avait résolu de la brûler. Mais Bayard s'y opposa, en disant, *qu'il n'y a point de place faible là où il y a des gens de cœur pour la défendre.* Belle leçon pour le lâche commandant de Longwi!

Bayard, fut tué à la retraite de Rebec, en

Italie, en 1523, n'étant âgé que de 48 ans. On ne doit pas oublier un trait qui honore plus ce brave guerrier que tous ses exploits. A la prise de la ville de Bresse, son hôte, pour lui témoigner sa reconnaissance de ce qu'il l'avait garanti du pillage, lui fit remettre deux mille pistoles; mais Bayard donna cette somme à ses deux filles qui l'apportaient, en leur disant gracieusement, qu'il voulait payer leur dot.

Barneveldt, doit être considéré comme un des fondateurs de la Liberté Hollandaise, et comme une victime de la tyrannie des Nassau-Orange. Justement alarmé de l'ascendant que Maurice s'était acquis par ses victoires, il chercha à le restreindre; et c'est ce qui le perdit. L'ambitieux Stathouder faisant servir à sa vengeance de misérables discussions théologiques, fit condamner à mort l'incorruptible Barneveldt, sous le prétexte ridicule d'avoir voulu livrer sa Patrie aux Espagnols. Barneveldt enfermé dans une prison, écrivait à sa femme, lorsqu'un ministre évangélique lui fut envoyé pour le préparer à la mort. C'est ainsi que les prêtres de tous les cultes, s'emparent de l'homme au moment où il naît à la vie, et ne cessent de le tyranniser que lorsqu'il a rendu le dernier soupir. « Je suis vieux, » répondit Barneveldt au ministre, et suffisamment préparé depuis longtems; ainsi épargnez-» vous une peine inutile ». Il le reçut cependant, discuta avec lui quelques points de controverse religieuse, et protesta de son innocence. Ce grand homme eut la tête tranchée, en 1619.

Baron, célèbre Acteur, mort à Paris, en 1729. Il fut surnommé le Roscius de son siècle. Sachant apprécier son mérite, il eut le courage dans ce siècle de préjugés, de répondre hautement à un *petit* officier supérieur, qui bassement le persiflait sur sa profession; » Monsieur, le Roi avec une

» seule parole et quatre aunes de drap, peut faire » un homme comme vous, mais il faut mille ans » et un effort de la nature, pour produire un » homme comme moi ». Et cependant l'église proscrit encore ce grand acteur, tandis qu'elle célèbre tous les ans la fête de S. Genêt, mauvais baladin, qui, poursuivi par les sifflets du bon goût, fut obligé d'aller cacher sa honte au fond d'un cloître, sous le manteau des préjugés. L'un n'est connu que dans les fastes de la sottise; l'autre, dans les fastes de la gloire. Lecteur impartial, jugez lequel des deux mérite le mieux une place au *Calendrier*?

Barth, célèbre Marin, se distingua de bonne heure par des actions hardies qui lui méritèrent l'honneur (car c'en était un alors) d'entrer dans la marine dite royale. En 1692, il eut le commandement de sept frégates et d'un brulot. Trente-deux vaisseaux de guerre Anglais et Hollandais bloquaient le port de Dunkerque; Barth trouva le moyen de sortir, et le lendemain il enleva quatre vaisseaux Anglais richement chargés. Il alla brûler quatre-vingt-cinq bâtimens, tant navires de guerre que vaisseaux de commerce. A la fin de la même année, il prit ou dispersa une flotte Hollandaise chargée de blé. Deux ans après, quoiqu'inférieur en nombre de vaisseaux et en artillerie, il attaqua huit vaisseaux de guerre Hollandais, qui nous avaient enlevé une flotte de cent voiles, reprit cette flotte avec le contre-Amiral ennemi et deux autres vaisseaux. En 1696, il prit encore trente vaisseaux, faisant partie d'une flotte de deux cent voiles. Jean Barth, mourut en 1702, à 51 ans, laissant un nom immortel dans les fastes de la marine. Sans protecteurs, et sans autre appui que lui-même, ne sachant ni lire ni écrire, il devint chef d'escadre, après avoir passé par tous les degrés de sa profession depuis celui de mousse.

Bayle. Un Écrivain célèbre a dit de lui, *qu'il était l'Avocat-général des philosophes, mais qu'il ne donnait point ses conclusions.* Sans discuter ce jugement, nous dirons que Bayle nous apprit à douter, et que le premier, il soutint cette vérité incontestable, *qu'un état composé de véritables Chrétiens ne saurait subsister longtems.* Bayle, persécuté en France pour sa religion qui était la Calviniste, le fut aussi en Hollande, tant par le Stathouder Guillaume, qui le fit priver de sa chaire et de sa pension, que par le ministre Jurieu, par cet homme aussi fanatique dans son église, que les Muphtis Romains dans la leur. La cause apparente de son animosité contre Bayle, fut la hardiesse de ses opinions peu religieuses; mais si on en croit les auteurs contemporains, Jurieu avait surpris le philosophe dans un commerce de galanterie avec sa femme, qui était sans doute plus curieuse de physique que de théologie. Si tous les grands fanatiques qui ont successivement désolé ce malheureux globe, avaient laissé leur secret, nous aurions la clef de bien des événemens; et certes, nous verrions d'étranges choses. Bayle, mourut, en 1706, à 59 ans.

Beaurepaire, Commandant du premier bataillon de Maine et Loire, a lié son nom à la grande lutte des Francs contre les despotes conjurés, par un de ces traits héroïques dont les Peuples Républicains offrent seuls des exemples. Assiegé dans Verdun par le Cannibale Brunswick, il jura à la tête de son bataillon de s'ensévelir sous les ruines de la place, plutôt que de capituler avec les tyrans. Mais Verdun n'avait qu'un Beaurepaire. Le Conseil défensif intimidé par les menaces de Brunswick, et sollicité par de lâches administrateurs, signa la reddition de la ville et de la forteresse. Alors Beaurepaire jugea qu'il devait accomplir son serment; et il mourut. Ce sublime désespoir avertit Wimphen dans Thionville, que, pour un guerrier Républicain, il n'est pas d'autre alternative que celle - ci : *vivre libre ou mourir*. Il prouva à l'Europe étonnée, que nous savions priser la Liberté, et que les Francs régénérés, avaient aussi leurs Catons. Les cendres du héros de Verdun, déposées dans le Panthéon National, attesteront à jamais la reconnaissance du Peuple Franc, et son admiration pour la véritable bravoure.

Beaurepaire était né dans cette classe naguère si méprisée par l'orgueilleuse aristocratie, sous le nom avilissant de Tiers-Etat. Trente années de service militaire l'avaient élevé péniblement au grade de capitaine dans le brave corps des Carabiniers, d'où ses sentimens patriotiques l'expulsèrent au commencement de la révolution. Nommé Commandant du premier bataillon de son département, il se concilia l'estime et l'amitié de ses frères d'armes qui l'appellaient leur père et leur ami. Le souvenir de ses vertus, restera profondément gravé dans leurs cœurs, comme sa mort héroïque sera l'éternel entretien de tous les Francs.

Belisaire, retraca dans ses exploits et dans son caractère une idée des premiers Romains. Il enleva l'Italie aux Goths, et l'Afrique aux Vendales, il humilia les Perses et les Huns ; et peut - être aurait-il rendu à l'empire toutes les parties qui en avaient été détachées, si un tel exploit n'eût pas été au-dessus des forces d'un seul homme ; ou plutôt si la jalousie des courtisans et les persécutions de l'infâme Théodora, secondées par l'esprit ombrageux de Justinien, avaient permis à ce grand homme de poursuivre ses glorieuses destinées. Mais le vainqueur de Vitigès, de Totila, d'Hunèric, etc., succomba sous les coups de la calomnie. Justinien n'eut égard ni aux services de Bélisaire, ni à l'opinion du Peuple et de l'armée fortement prononcée en faveur de ce général; car les despotes sont accoutumés à compter pour rien l'opinion publique. Bélisaire dépouillé de tous ses emplois, fut enfermé dans un noir cachot; et Justinien poussa, dit-on, la barbarie et l'ingratitude jusqu'à lui faire crever les yeux. Marmontel a donné le nom de Bélisaire à un roman moral et philosophique que la Catherine du Nord faisait traduire en langue Russe, pendant qu'on le proscrivait en France. Cette dernière circonstance a droit d'étonner. Mais ce qui n'étonne pas moins, c'est que Marmontel autrefois philosophe, soit aujourd'hui dévot et aristocrate; et que Catau soit l'ennemie jurée d'une révolution, à laquelle le roman de Bélisaire a contribué, comme tous les ouvrages philosophiques du siècle.

Benioûski, Magnat Polonais, a passé pour un Aventurier, parce que le succès n'a pas couronné ses entreprises. Mais la postérité et la philosophie, le vengeront du mépris de ces ames timides et routinières, qui ne pouvant s'élancer hors du cercle étroit de leur médiocrité, sont toujours disposés à blâmer les hardies conceptions du génie, ou les projets du philantrope. Benionski, zélé défenseur de l'indépendance de son pays, entra dans la confédération de Bar contre les Russes, en 1774; et après avoir été fait deux fois prisonnier, il fut relégué par la douce Autocrate de Pétersbourg, à l'extrémité du Kamtschatka. Il n'avait alors que 29 ans; les réglemens sévères auxquels sont assujettis les exilés, lui offraient peut-être une longue et douloureuse captivité, mais son courage sut l'abréger, et l'amour vint l'adoucir. Beniouski, après avoir tué le gouverneur dans une attaque, s'embarqua avec la belle Aphanasie sa fille, et vint relâcher à Macao.

Ce fut là qu'il perdit son amante. Revenu en Europe par les mers du Japon, de la Chine et des Indes, il persuada au gouvernement français de former un établissement à Madagascar; et il fut lui-même chargé de l'entreprise. Mais traversé par les agens subalternes, quoiqu'il eût les Ministres pour lui, il se vit obligé de repasser en France, après avoir exercé la royauté dans une partie de l'île. Ce mauvais succès ne le découragea point. Plein de son projet, il répartit sur un vaisseau frété par des négocians de Baltimore, et arriva à Madagascar. Le malheur qui le poursuivait, voulut qu'il fut traîtreusement abandonné sur le rivage. Il usa alors de son ascendant sur les naturels du pays, pour assurer sa conservation et les faire servir à ses projets. Il allait sans doute préparer une révolution avantageuse aux habitans de l'île, mais défavorable au commerce de l'Europe, lorsque le gouverneur de l'île de France alarmé du voisinage d'un homme aussi entreprenant, envoya contre lui, en 1785, une frégate, et quelques troupes. Le brave Beniouski fut tué en défendant le petit fort qu'il avait construit, et avec lui s'anéantirent, pour quelque tems du moins, les espérances que la philantropie avait conçues de ses desseins.

Berenice. Ce n'est point la Berenice de Titus que nous proposons pour modèle aux jeunes personnes, car elle était un peu coquette; c'est une autre Berenice dont l'histoire a vanté la sagesse et l'amour pour son mari Ptolomée. Ce prince étant sur le point de porter la guerre en Syrie, Berenice pour obtenir qu'il revint bientôt et victorieux, voua sa chevelure à Vénus.

.... Tum mœsta virum mittens quæ locuta es?
(Juppiter) ut tersti lumina sæpe manu.

Ptolomée étant revenu, elle coupa ses cheveux et les consacra dans un temple ; mais comme ils ne furent point trouvés le lendemain, un mathématicien assura qu'ils avaient été enlevés au ciel et mis entre les astres.

. . . . Conon cælesti numine vidit
E Beroniceo vertice Cæsariem,
Fulgentem clare quam multis illa dearum
Lævia protendens brachia policita est,
Qua rex tempestate novis auctus hymenœis,
Vastatum fines iverat Assyrios,
Dulcia nocturnæ portans vestigia rixæ,
quam de virgineis gesserat exuviis.

(Catulle.)

Berenice, moins heureuse en enfans qu'en mari, fut mise à mort par son fils Ptolomée, la quatrième année de la 139 olympiade.

Bernin, Peintre, Sculpteur et, Architecte, excella également dans ces trois genres. Louis XIV, frappé de sa réputation l'attira d'Italie en France, pour travailler au dessein du Louvre. Bernin voyant la colonade de cet édifice par Perraut, eut la modestie de dire : *que quand on avait de tels hommes chez soi, il ne fallait pas en aller chercher ailleurs.* Il rendit le même hommage aux talens de Puget, dont il vit un morceau de sculpture à Toulon. Les ouvrages de Bernin décorent l'Italie, et principalement les églises de Rome. Parmi ceux qu'il a faits en France, on distingue la statue équestre de *Marcus Curtius* qui mérite d'être comparée aux plus beaux ouvrages de l'antiquité. Bernin mourut à Rome en 1680, âgé de 82 ans.

Bernoulli. Plusieurs savans ont illustré ce

nom cher aux mathématiques et à l'astronomie. Le premier, à l'âge de 18 ans, résolut un problême chronologique qui avait embarrassé un vieux savant. A 22, il apprit à écrire par un moyen nouveau, à une fille qui avait perdu la vue deux mois après sa naissance; il imagina, en même tems que son frère Jean, qui n'avait que 18 ans, le calcul différentiel ou des infiniment petits; et en perfectionna tellement la méthode, que l'inventeur (Leibnitz) avoua qu'elle appartenait aux Bernoulli autant qu'à lui. Jean a écrit sur la manœuvre des vaisseaux et sur toutes les parties des mathématiques qu'il enrichit de grandes découvertes. Jacques mourut en 1705 à 51 ans, et Jean en 1748. Les trois fils de ce dernier ont marché dignement sur ses traces. Les Bernoulli sont de Bâle en Suisse.

Boerhave, l'Hipocrate de la Hollande, s'acquit une si grande réputation par ses cures et par ses écrits, qu'un Mandarin de la Chine lui écrivit avec cette seule adresse: *à l'illustre Boerhave médecin, en Europe*, et la lettre lui parvint. On trouva, dit-on dans sa bibliothèque, un gros livre parfaitement relié qu'il avait annoncé comme contenant les plus beaux secrets de la médecine. Il était en blanc depuis la première jusqu'à la dernière page; on lisait seulement au frontispice: *tenez vous la tête fraiche, les pieds chauds, le ventre libre, et moquez-vous des médecins.* Les modernes plus attachés à leur art qu'à l'humanité, ont prétendu que ce fait était apocryphe: ils ont eu raison de le nier, car si on suivait ce conseil, les Médecins gagneraient moins, mais les hommes se porteraient mieux. Il mourut en 1738, âgé de 70 ans, et d'une mort paisible, plus heureux qu'Esculape qui, dit-on, fut frappé de la foudre par Jupiter devenu jaloux en voyant les miracles qu'il opérait. Nos nouveaux docteurs peuvent dormir tranquilles : ils sont à l'abri de semblables malheurs. On ne doit pas craindre non plus qu'ils gagnent, comme Boerhave, quatre millions de notre monnoie, en donnant leurs consultations.

Boileau, l'Aristarque du dix-septième siècle, et l'Horace Français, combattit toute sa vie le mauvais goût et les prétentions de la médiocrité. Ce qui le distingue, c'est un esprit infiniment juste et méthodique, un goût sûr, délicat, et perfectionné par une étude profonde des anciens. On voit par l'épisode de la *mollesse*, et par celui d'*Anne la perruquière*, que la grâce et la légéreté ne lui étaient point étrangères ; et la description du passage du Rhin, prouve qu'il aurait pu emboucher avec succès la trompette héroïque. Considéré dans sa vie privée, Boileau avait des qualités supérieures encore aux talens; il était franc et sincère ; il avait le cœur compatissant, et une bonne foi à toute épreuve ; enfin, malgré sa profession de satyrique, il eut pour amis les hommes les plus honnêtes et les plus éclairés de son siècle.

On peut à Despréaux pardonner la satyre ;
Il joignit l'art de plaire à celui de médire ;
Le miel que cette abeille avait tiré des fleurs,
Pouvait de sa piqûre adoucir les rigueurs.

(Voltaire.)

Cet éloge n'est pas suspect, quand on pense de quelle bouche il est sorti. Boileau, mourut en 1711, âgé de 75 ans. Nivernais a composé sur le génie d'Horace, de Boileau et de Rousseau, des réflexions pleines de goût et de justesse. Nous y renvoyons nos lecteurs.

Bossuet. Si *l'éloquence est*, comme l'a définie un

homme célèbre, *l'art de faire passer avec rapidité, et d'imprimer avec force dans l'ame des autres, les sentimens dont on est soi-meme pénétré*; personne n'a plus de droits que Bossuet au titre d'homme éloquent et d'orateur sublime. Son éloquence était, d'ailleurs nourrie, de cette universalité de connaissances qu'exigeait Cicéron; et s'il avait vécu dans un gouvernement Libre; si de misérables disputes, au lieu d'absorber un génie fait pour éclairer les hommes, avaient permis à Bossuet de donner à son style cette correction et cette harmonie qu'il sembla dédaigner, peut-être la France n'aurait-elle rien à envier aux grands orateurs de Rome et d'Athènes. Bossuet a été généralement regardé comme un fauteur du despotisme. Sans doute on l'a jugé par quelques morceaux de ses Oraisons Funèbres où il prodigue les adulations au tyran Louis XIV; mais on reconnaît en lisant ses autres écrits, qu'il avait l'ame fière et indépendante; et qu'à Rome il aurait soutenu la Liberté politique, avec autant de chaleur qu'il défendit contre les prétentions du Vatican, ce qu'on appellait alors les Libertés de l'Eglise Gallicane.

Bossuet, mourut en 1704, après avoir fourni une carrière aussi longue que laborieuse.

Bradley, Astronome Anglais, découvrit en 1727, l'aberration des étoiles fixes. Sa méthode pour calculer les élémens d'une comète par trois observations, ses tables de la lune, et sa nouvelle règle pour le calcul des réfractions, l'ont placé au rang des plus habiles astronomes. Ajoutons qu'il était aussi modeste que savant, et que lui seul semblait ignorer son mérite. Il est mort en 1762, à 70 ans.

Brutus. Tyrannicide et vengeur des Peuples, telle est la noble idée que présente ce mot. Que ne peut point le saint amour de la Liberté ? Le premier Brutus chasse du trône un roi son parent, et condamne au supplice ses propres fils qui voulaient rétablir la tyrannie. Le second plonge le poignard dans le sein de son bienfaiteur, de son père ;

. . . Ut cumque ferent ea facta nepotes,
Vincet amor patriæ, laudum que immensa cupido.

Les deux Brutus ont eu cette austérité de mœurs qui est l'appanage du vrai Républicain ; tous les deux, ils ont scellé de leur sang la cause qu'ils avaient défendue ; mais l'un, plus heureux, eut la consolation de voir en mourant la Liberté solidement établie ; et l'autre emporta au tombeau cette idée déchirante, qu'elle était perdue sans ressource. Tous deux ont été régrettés et pleurés ; mais à la mort du premier, ce Peuple qu'il venait d'affranchir de la plus monstrueuse tyrannie put donner un libre cours à ses sentimens ; les Dames Romaines portèrent le deuil de ce grand homme pendant une année entière, le regardant comme le vengeur de leur sexe indignement outragé dans la personne de Lucrèce. Le meurtrier de César, au contraire, ne fut pleuré que par les vrais amis de la Liberté, dont le nombre était infiniment rare ; et le triomphe impie du triumvirat ne permit pas à leurs sentimens d'éclater. Le premier Brutus fut tué dans un combat singulier contre Arons, fils de Tarquin, l'an de Rome, 245. Le second se donna la mort après la bataille de Philippes, l'an de Rome, 710, 465 ans, après l'expulsion des Tarquins.

Buffon, le Pline de la France. On peut lui appliquer ce qui a été dit de Lafontaine.

Il peignit la nature et garda ses pinceaux.

Son

Son *Histoire Naturelle* dépose en faveur de la beauté de son génie, de la richesse de son imagination et de l'immensité de ses connaissances; et pour tout dire, en un mot, personne ne fut plus digne que lui d'être l'interprète de la Nature.

Mais, après avoir payé à son génie un juste tribut d'éloges, jetions sur sa vie privée un regard sévère et instructif. Si l'on en croit la renommée, Buffon, le sublime Buffon, se montra dur et tyran envers ses vassaux de Montbard. Il souffrit qu'une société, ou plutôt une cotterie, dont il était en quelque sorte l'idole, ne lui donnât pas d'autre nom, soit en lui adressant la parole, soit en lui répondant, que celui de *grand homme*. Jaloux de voir son fils commander un régiment, et connaissant l'empire de Brulard-Genlis sur l'esprit du ci-devant duc d'Orléans, il brigua la protection de cette femme-auteur, en élevant jusqu'aux cieux son zèle pour la religion. Buffon préconisant le papisme, Buffon s'agénouillant devant cette sanguinaire théologie qui, par l'organe de ses suppots sorboniques, avait répandu tant d'amertume sur sa vie!!! Ainsi Newton à 80 ans, commenta l'Apocalipse. Ainsi l'auteur de Cinna, le grand Corneille, travestit par ordre de son confesseur, en langage poétique, les mystiques élans de Thomas-à-Kempis. Ainsi Lafontaine rongé de remords, pour le ton un peu grivois de ses Contes, lisait Habacuc et ne parlait que d'Habacuc. Ainsi Piron à la fin de ses jours, paraphrasait le *De Profundis*, pour faire oublier au Pere Eternel, un ouvrage infâme de sa jeunesse. Déplorable effet de la fragilité humaine, ou de l'ascendant de la superstition, lorsque l'intérêt n'est pas le premier mobile de ces étranges repentirs! L'homme célebre qui a donné lieu à cette disgression, mourut en 1788, à 81 ans, à la veille d'une révolution qui a dérangé bien des têtes soi-disant philosophiques.

Burrhus, Préfet des cohortes prétoriennes, et Gouverneur de Néron, se montra digne des premiers siècles de Rome, par sa probité et par la sévérité de ses mœurs. Néron fatigué des leçons et des exemples d'un tel homme, hâta, dit-on, sa fin par le poison, l'an 812, de Rome.

Bias, un des sept sages de la Grece, florissait vers la 43.eme Olympiade. On lui attribue plusieurs sentences, dont voici quelques-unes. Un de ses amis lui ayant demandé ce qu'il y avait de plus difficile à faire, « c'est, répondit-il, de supporter « un revers de fortune». Il disait qu'il aimait mieux être pris pour arbitre par ses ennemis que par ses amis ; parceque, dans le premier cas, il se faisait un ami, et dans le second, un ennemi. Lors du siège de Prienne, sa patrie, quelqu'un lui demandant pourquoi il était le seul qui se retirait de la ville sans rien emporter ; *je porte tout avec moi*, répondit-il. On rapporte encore de lui cette belle sentence ; « puisque le monde est plein » de méchanceté, il faut aimer les hommes, comme » si on devait les haïr un jour ».

C

Cabral, Amiral Portugais, découvrit le Brésil, en 1500, y ayant été jeté par la tempête. Il fit plusieurs autres expéditions qui lui acquirent la réputation d'un grand homme de mer.

Callisthène, une des mille victimes que les tyrans ont immolées à leur amour-propre offensé. Aristote, son parent, l'avait mis auprès d'Alexandre, pour modérer la fougue de ses passions ; mais Callisthène peu fait au métier de courtisan, n'eut pas l'adresse de lui faire goûter la vérité, ou plutôt il n'eut pas soin de la lui déguiser. Ayant été accusé d'avoir conspiré contre Alexandre, cet orgueilleux conquérant fit expirer dans les tourmens de la question l'austère censeur de ses crimes ; et Callisthène pût dire en mourant, ce que dit Aratus un siecle après ; « voilà la reconnaissance des Rois ».

Camille, un de ces êtres dont s'enorgueillit avec raison la Nature humaine, réunit toutes les qualités qui commandent l'estime et l'admiration. Habile Général, il prit Veies, la rivale de Rome, détruisit en diverses guerres ces redoutables Gaulois qui avaient juré d'exterminer le nom Romain, et soumit les Latins, les Herniques, les Eques, en un mot, tous les ennemis de la République. Excellent citoyen, il oublia l'ingratitude d'un peuple qui l'avait exilé, pour voler à son secours. Il rebâtit Rome, et mérita d'en être appellé le second fondateur. Enfin il ne cessa d'être utile à sa Patrie, que lorsqu'il cessa de vivre. Il mourut de la peste, l'an 365 de Rome, âgé de 80 ans.

Camoens, l'Homere des Portugais, fut comme son modele, voyageur, indigent et persécuté ; ce fut partie sur les côtes du Coromandel, et partie sur celles de la Chine, où il était exilé, qu'il composa son poëme de la Lusiade, c'est-à-dire, l'histoire poétique de la découverte du Cap de Bonne Espérance, et des exploits des Portugais descendans de Luzus, sur les côtes de l'Afrique et de l'Inde. « Sans marcher sur les pas d'Ho-« mere et de Virgile, dit un Ecrivain, l'auteur « de la Luziade a plu et plaît encore. Son poëme « ne sera, si l'on veut, que la relation d'un « voyageur poëte, et l'histoire de la découverte « des Indes Orientales par les Portugais ; mais « cette relation est ornée de fictions neuves et « hardies. Son épisode *d'Inès de Castro*, est d'une

« beauté touchante. La description du Géant « *Adamastor*, Gardien du Cap des Tourmentes, « est un morceau égal à tout ce que l'imagi- « nation des plus grands poëtes a pu produire. « En général, il y a de la vérité et de la chaleur « dans ses descriptions ; les lieux, les mœurs, les « caractères y sont bien peints ; les images variées, « les passions bien rendues, les récits charmans ; « Le poëte passe avec une facilité surprenante du « sublime au gracieux et du gracieux au simple. « C'est en faveur de ces beautés qu'on a par- « donné au Camoëns le peu de liaison qui « regne dans son ouvrage, le ridicule mêlé souvent « avec le beau, le mélange des Dieux du paga- « nisme avec les demi-Dieux de la religion chré- « tienne. *Mars* s'y trouve à côté de Jésus, « et *Bacchus* avec la Vierge. *Vénus* aidée des « conseils du Pere Eternel, et secondée des flèches « de *Cupidon*, rend les Néréides amoureuses « des Portugais dans cette île enchantée, dont « *Camoens* fait une description si voluptueuse. La « *Lusiade* malgré ses défauts, a été traduite « en plusieurs langues. La meilleure version que « nous en ayons en Français, est celle attribuée à « La harpe ».

Camoens, mourut dans un hôpital, en 1579, âgé de 55 ans. Apeine eût-il expiré qu'on s'empressa d'honorer sa mémoire ; et c'est un dernier trait de ressemblance qu'il a avec l'Homere des Grecs.

(On lui fit cette Epitaphe.)

Plus célebre après son trépas,
Que fortuné pendant sa vie,
Cy-gît qui ne recueillit pas
Les lauriers dûs à son génie.

Carrache, nom célèbre dans la peinture. *Louis* joignit les beautés de l'antique à la fraîcheur des ouvrages modernes, et il opposa les grâces de la Nature aux afféteries du goût dominant. Sa touche était délicate, son goût grand et noble, et sa simplicité gracieuse. L'histoire de Saint-Benoît et celle de Sainte-Cécile forment une des plus belles suites qui soient sorties des mains des hommes. Louis mourut, en 1619, âgé de 74 ans.

Augustin excella dans la peinture et dans la gravure ; ce qui reste de lui est d'une touche libre et spirituelle, et ne manque pas de correction.

Il fut surpassé par son frère ANNIBAL, le plus illustre des Carraches. Celui-ci avait pour talent singulier, de saisir dans l'instant la figure d'une personne. Ayant été volé sur un grand chemin avec son père, il alla porter sa plainte chez le Juge, qui fit arrêter les voleurs sur le portrait qu'il en dessina.

Le *Corrége, le Titien, Michel Ange, Raphael,* le *Permesan,* furent ses modeles. C'est dans leur école qu'il apprit à donner à ses ouvrages cette noblesse, cette force, cette vigueur de coloris, ces grands coups de dessins qui le rendirent si célebre. Sa galerie du Cardinal *Farnèse,* passe pour le chef-d'œuvre de l'Art. Le Cardinal crut bien payer cet ouvrage, achevé à peine dans huit ans, en lui donnant cinq cens écus d'or. Ce Prince de l'église militante, s'imaginait sans doute honorer un grand Artiste, en lui permettant de flatter son orgueil. Malheureusement Carrache n'eut pas assez de philosophie pour oublier l'injustice du Muphti *empourpré*. Le chagrin le conduisit au tombeau, en 1609, à l'âge de 46 ans. Annibal Carrache ternit, en quelque sorte par ses débauches, la gloire que lui avaient acquise ses chefs-d'œuvres. Nous en faisons l'aveu doulouyeux, afin de ne point paraître pallier les défauts des hommes supérieurs dont l'exemple est si puissant sur cette grande moitié du genre humain, vouée à la médiocrité.

Augustin et Annibal Carrache, étaient cousins de Louis, et comme lui, natifs de Bologne.

Cartier découvrit, en 1554, une partie du Canada. Il fit plus; il visita tout le pays avec beaucoup de soin, et laissa une description exacte des Isles, des Détroits et des Rivières qu'il avait reconnus. Jusqu'à la cession du Canada aux Anglais, en 1763, on s'est servi de la plupart des noms qu'il donna à ces différens endroits.

Cartier était né à Saint-Malo, Patrie de du Gay-Trouin et de plusieurs autres habiles Marins.

Cassini, un des plus grands Astronomes qui aient existé, naquit dans le Comté de Nice, en 1625, et mourut à Paris, en 1712.

La Méridienne de Bologne, celle de l'Observatoire de Paris qu'il continua, la découverte du troisieme et du cinquieme Satellite de Jupiter, enfin divers écrits sur les planètes etc., voilà ses titres à l'admiration de la postérité. Un caractere plein de modestie, de candeur et de simplicité, voilà quels furent ses titres à l'estime et à l'amitié de ses contemporains. Il mourut aveugle, comme Galilée, à l'âge de 88 ans.

Cassius se signala contre les Parthes, et les chassa de Syrie, après la mort tragique de Crassus. Ce fut lui principalement qui forma la conjuration contre César, et qui soutint Brutus dans le sublime projet d'assassiner le héros liberticide. Heureux s'il avait toujours eu le même ascendant sur son ami! la Liberté Romaine n'eût point péri. Mais la bataille de Philippe, fut livrée contre son avis. Il voulait avec raison laisser détruire par la disette l'armée ennemie qui manquait de tout ; méthode salutaire qui sauva Rome dans la seconde guerre punique, et qui a sauvé la France, il y a peu de mois.

Cassius fut défait par Antoine, tandis que Brutus remportait une victoire complette sur Octave. S'imaginant alors que l'armée entiere était perdue, il se retira dans sa tente et se fit tuer par un de ses affranchis, l'an de Rome, 712.

Cassius était plus habile Capitaine que Brutus ; mais celui-ci était plus honnête homme ; « en sorte, » dit un historien, qu'on eût mieux aimé avoir » Brutus pour ami, et qu'on devait craindre d'avoir » Cassius pour ennemi ».

CATINAT.

Plus loin, dans le fond d'un bocage,
Je vois Catinat et Caton,
A tous les gens de bien faisant une leçon.

(CHAULIEU.)

Catinat quitta la robe pour l'épée ; et si l'on en croit Voltaire, il eût été aussi grand ministre, aussi grand homme d'état, aussi bon chancelier, qu'il se montra habile Négociateur et grand Capitaine. Sa valeur éclata dans toutes les guerres entreprises par le tyran Louis XIV. Elevé au grade de Maréchal de France, il remporta sur le Duc de Savoie, les fameuses victoires de *Staffarde* et de la *Marsaille*. Il fut moins heureux dans la guerre de la Succession. La trahison de Victor-Amedée, et les tracasseries d'une cour bigotte le firent échouer en Italie. Il fut rappellé ; et tandis que Marsin, Tallard et Villeroi, déshonoraient les armes Françaises en Allemagne et en Italie, Catinat vivait en philosophe à sa maison de campagne, rappellant dans sa vie privée les vertus des Curius et des Cincinnatus, comme dans sa vie militaire il avait reproduit leurs exploits. Il y mourut en 1712, oublié de la cour, et cher aux gens de bien. Catinat eût été le premier Citoyen d'une République; dans une monarchie absolue, il ne fut qu'un Guerrier, et un Guerrier subordonné aux plus méprisables agens du despotisme.

Caton. Ce nom est devenu celui de l'austérité et de la fierté républicaines. Le premier Caton s'illustra par les hautes dignités qu'il remplit, et surtout par sa Censure. La postérité a presque oublié les autres qualités de ce Romain, pour ne se rappeller que l'austérité de ses mœurs et son zèle ardent à poursuivre les abus et la corruption. Cependant il se distingua par ses talens guerriers dans la seconde guerre Punique, et dans celle de Macédoine; il fut aussi un grand écrivain; et ce qui était à Rome, comme chez tous les Peuples Libres, le premier de tous les mérites, il fut un agriculteur soigneux et intelligent. Caton d'Utique eut toutes les vertus de son bisaïeul, sa frugalité, son amour pour la patrie, son inflexible rigidité et sa patience dans les travaux; mais ces vertus s'annonçaient en lui sous des traits plus frappans encore; et quoiqu'il n'ait jamais été à la tête des affaires, comme consul ou comme censeur, son caractère a quelque chose de plus imposant que celui de Caton l'ancien.

Lorsque ce dernier parut sur la scène du monde, les institutions Romaines étaient encore dans toute leur force; les dangers qu'avaient courus la Liberté par les succès d'Annibal, avaient même donné une nouvelle énergie aux vertus Républicaines; Caton le censeur, n'eut donc que la peine, si l'on peut s'exprimer ainsi, de se mettre à la place qui lui était désignée par l'esprit général de son siecle. Mais du tems de son arrière petit-fils, les choses avaient bien changé. La République était devenue la proie de l'intrigue et de l'ambition; la vertu Romaine était anéantie, Caton d'Utique se trouva, pour ainsi dire, seul dans son siècle, semblable à ces chênes antiques et vigoureux qui résistent à la violence de la tempête et restent debout, lorsque tous les arbres environnans sont aisément déracinés.

Caton poussa la vertu *jusqu'à* la rudesse et l'amour de la Patrie *jusqu'au* fanatisme. Sa mort même, cette mort si admirable par les motifs qui l'ont produite, et par les circonstances qui l'ont accompagnée, n'est pas à l'abri de tout reproche; et nous pensons avec Montesquieu, que si Caton se fut réservé pour la République, il aurait donné une autre tournure aux affaires. Mais nous pensons aussi que la défense d'attenter à ses *jours* imposée par la religion des Chrétiens, a ôté aux ames leur énergie, et aux courages la faculté de se déployer.

Telle est l'affligeante destinée du Papiste; il ne peut, quoiqu'il fasse, s'échapper des liens où le tient enlacé la force combinée du despotisme et de la superstition; et s'il pense à s'en affranchir, en coupant la trame de ses jours, aussitôt le Tartare s'entr'ouvrant sous ses pas, lui présente une affreuse et incompréhensible éternité de peines (1).

---

(1) Un docteur Anglais, nommé Donne, a fait l'apologie du suicide dans un livre intitulé, *Biathanatos*. Il cite pour s'autoriser, outre l'exemple d'un grand nombre de Héros Payens, celui de quelques Saints de l'ancien Testament, d'une

Doit-on s'étonner, après cela, que les tems modernes aient été si stériles en grands caracteres? Que la Nature ait, pour ainsi dire, perdu le moule de ces ames fieres et indépendantes, dont s'enorgueillit l'antiquité? De ces esprits vigoureux, qui, maîtres de leur destinée, poursuivaient les entreprises de la vertu avec une audacieuse persévérance; et ne s'arrêtaient dans la recherhe de la solide gloire, que là où se terminaient les forces de l'humanité?

Sous le joug du papisme, les caracteres dégradés par une crainte superstitieuse, n'ont rien osé de grand, lorsque le péril s'est trouvé à côté du succès; l'homme trahi par la fortune, a mieux aimé traîner dans l'ignominie des jours dont il pouvait disposer, où les perdre sur un échafaut dressé par la tyrannie; pensant trouver dans un monde idéal, la récompense due à sa pusillanime résignation.

Sans doute la Société peut seule disposer de la vie de ses membres; mais, lorsque la Société est dissoute par l'établissement du despotisme, alors l'individu rentre dans l'état de simple nature, et redevient le maître de son existence. Par une conséquence de ce principe, l'homme détenu dans les fers, ou prêt à tomber entre les mains d'un ennemi féroce, l'homme n'appartient plus à la Société, elle n'existe plus pour lui. Dire que dans ces trois circonstances, il n'a pas le droit d'avancer le terme de sa captivité, et de prévenir par une mort toujours douce lorsqu'elle

---

foule de Chrétiens qu'honore l'Eglise Romaine, et de Jésus-Christ même; un livre aussi singulier n'empêcha pas l'Auteur de devenir Doyen de *S. Paul*, à Londres.

est volontaire, l'ingénieuse cruauté de ses bourreaux, c'est avancer une hérésie en humanité; c'est ravir aux opprimés la seule consolation dont il ne soit pas toujours au pouvoir d'un tyran de les dépouiller.

Mais revenons au fameux Romain qui a donné lieu à cette disgression.

Son esprit prophétique lui annonça de bonne heure les malheurs qui allaient fondre sur la République; et il essaya vainement de les prévenir, soit en réveillant le Sénat de sa léthargie, soit en surveillant ces hommes dangereux et pervers qui machinaient la ruine de leur Patrie. La Liberté devait périr. Caton ne fut point écouté. Quoiqu'il n'aimât pas Pompée, qu'il regardait comme un ambitieux, néanmoins, il s'attacha fortement à son parti, parce que c'était celui de la République. Après la bataille de Pharsale, lorsque tout l'univers sembla soumis au génie de César, *præter atrocem animum Catonis*, il recueillit les débris de la Liberté, et les transporta en Afrique; mais les rapides succès de son ennemi, ne lui laissant entrevoir aucun moyen de rétablir les affaires, fermement résolu de vivre libre ou de mourir, il se perça de son épée à Utique, l'an de Rome 706.

Cerutti était né à Turin. Il fut élevé aux Jésuites, dans l'ordre desquels il entra, et fut Professeur à Lyon. Très-jeune encore il remporta un prix au concours de Toulouse, dont le sujet était; *pourquoi les Républiques modernes florissaient-elles moins que les Républiques anciennes*? Cet ouvrage était si bien touché, qu'on le crut de J. J. Rousseau. Cerutti vint à la Cour de France, où il fut très-bien accueilli par le Dauphin; c'est-là qu'il éprouva une passion violente et malheureuse, qui lui fit perdre beaucoup de tems, usa même son génie et son talent, et le jeta dans un marasme affreux; Mais l'amitié le consola des tourmens de l'amour; la Duchesse de Brancas devint son amie, sa mère, sa providence, c'est ainsi qu'il l'appellait; il passa quinze ans auprès d'elle dans une maison de campagne située près de Nancy. Enfin la révolution étant arrivée, il publia, en 1788, un ouvrage intitulé *le mémoire pour le Peuple Français*; c'est un des plus forts ouvrages qui l'aient préparée, en avançant l'opinion publique. Depuis ce moment il n'exista plus que pour elle; il la servit par ses discours, par ses écrits, et l'on peut dire qu'il est mort aussi pour elle. Car, depuis qu'il fut nommé Électeur et surtout depuis qu'il fut choisi pour Député à la Législature, les nouveaux efforts qu'il fit, achevèrent d'épuiser ses forces, et il succomba victime respectable de son patriotisme et de son dévouement à la chose publique. On assure qu'il laisse un ouvrage dans lequel, il a entrepris de prouver que la religion Romaine a seule produit l'esclavage civil et politique, l'abrutissement et la misère des peuples qui la suivent. Il pourrait bien en être quelque chose; il pourrait se faire que cette religion fut la plus intolérable de toutes, parce qu'elle est de toutes la plus intolérante; mais la plupart des autres ne le sont guere moins. Helas! qui parviendrait à épurer toutes les sectes du fanatisme, de la rage de dominer, du crime de se persecuter et de s'entre-détruire? Qui pourrait rallier tous les hommes à une religion fraternelle, purement morale, en n'offrant à croire que les deux dogmes consolans de l'existence de Dieu et de l'immortalité de l'ame? celui-là sans doute aurait guéri une des plaies les plus profondes de l'humanité. (Extrait du Moniteur, article Nocrologie).

Champlain, peut être regardé comme le

Fondateur du Canada où il demeura depuis 1603, jusqu'en 1644, et où il bâtit la ville de Quebec sur le fleuve Saint-Laurent. On a de lui ses voyages dans cette partie de l'Amérique. L'auteur y paraît un homme de tête et de résolution, désintéressé et plein de zèle pour la gloire de sa Patrie.

Charondas fut appellé de Catane en Sicile, pour donner des loix aux Sybarites qui avaient rebâti Thurium. Une des plus importantes était celle qui ordonnait d'élever les enfans des citoyens dans la connaissance des lettres et des sciences, parce qu'il regardait l'ignorance comme la mère de tous les vices. Il défendit aussi sous peine de mort de paraître armé dans les assemblées ; ayant un jour par mégarde violé cette loi, il répondit à ceux qui le lui faisaient remarquer ; *je prétends la confirmer et la sceller même de mon sang* ; et sur le champ, il s'enfonça son épée dans le sein.

Charondas florissait vers la 84.eme olimpiade.

Chevert, un de ces hommes que naguere on appellait Officiers de fortune, mais que l'opinion épurée a placés fort au-dessus de ces Comtes et de ces Marquis, qui naissaient Colonels, Officiers-Généraux et Maréchaux de France.

Chevert eut le bonheur de naître sans ayeux et sans fortune, et l'on prétend même que dans son enfance, il fut attaché à une Église en qualité d'enfant de chœur. Il porta les armes dès l'âge de onze ans; il dut tout à son mérite et rien à l'intrigue. Une étude profonde de la tactique, un amour extrême de ses devoirs, un désir ardent de se distinguer, tels furent les protecteurs qui veillerent à son avancement. En 1741, n'étant que Lieutenant-Colonel, il défendit Prague et obtint du Général Autrichien Lobkovitz, une capitulation honorable.

Maurice de Saxe qui se connaissait en hommes, avait une estime singulière pour Chevert. Un jour qu'il faisait l'éloge de ce Guerrier, un Officier *Marquis*, tout en avouant un mérite qu'il ne pouvait contester, crut néanmoins l'atténuer en disant : *ouï, Chevert est un bon militaire, mais c'est un Officier de Fortune.* Maurice, faisant semblant de l'ignorer, s'écria à l'instant, *vous me l'apprenez : jusqu'à présent, je n'avais eu pour Chevert, que de l'estime; mais désormais, je lui dois du respect.*

Dans la guerre de 1756, où Chevert déploya les plus grands talens, joints à une extrême activité, un certain *Marquis* de Duras, depuis Maréchal de France, lui reprocha d'avoir été soldat. *ouï je l'ai été*, lui répondit Chevert avec cette fierté d'un homme qui a la conscience de son mérite ; *ouï j'ai été soldat, et je m'en fais gloire; mais toi J.. F.... à ma place, tu l'aurais été toute ta vie.*

Chevert mourut en 1768, âgé de 74 ans, et simple Lieutenant-Général. Sept ans après, Louis XVI donna le bâton de Maréchal aux Nicolaï, aux Duras, aux Noailles, aux Armentière, aux d'Harcourt et aux Mouchi, tous grands Guerriers en temps de paix, et qui furent surnommés *les sept péchés mortels.*

Nous voudrions pouvoir oublier que Verdun avait donné naissance à notre Héros. Puisse cette ville réparer sa honteuse lâcheté, en donnant à la Patrie de nouveaux Cheverts !

Cicéron, grand Orateur, grand Philosophe, grand homme d'état, excellent citoyen, bon époux, pere tendre et ami fidelle. Tel est le portrait de Cicéron : *il n'est ni fini ni flatté.* Comme écrivain, la critique n'a pû l'atteindre, comme citoyen, on lui a reproché de la *jactance* et de la vanité; mais il avait sauvé sa Patrie; et plus d'une fois, après son consulat, il la retint sur le penchant de sa ruine. Comme politique, il a manqué, dit-on, de prévoyance et montré de l'irrésolution; et pour donner plus de poids à ce reproche, on a mis son caractere en opposition avec celui de Caton d'Utique, son contemporain et son rival en amour pour la Patrie; mais Caton avait une vertu trop austere pour son siècle; et Cicéron, par cet esprit de douceur et de conciliation que renforçait à propos une imposante fermeté, Cicéron aurait sauvé la République, si les meurtriers de César, lui avaient témoigné plus de confiance; ou pour mieux dire, si la République avait pu être sauvée.

Au reste, si ce grand homme ne peut être entièrement lavé de l'inculpation de faiblesse, il l'expia suffisamment par le courage avec lequel il reçût la mort par ordre des oppresseurs de la Liberté.

Cimon, fils de Miltiade, et l'un des plus grands hommes qui ayent existé, réunit aux talens guerriers de son pere, les vertus d'Aristide et la science politique de Thémistocle; et si sa gloire a moins d'éclat que celle de ces trois Athéniens, il faut en accuser cette fatalité qui préside quelquefois aux réputations. Comme Guerrier, Cimon porta des coups sensibles à l'empire des Perses. Il gagna le même jour deux batailles, l'une de terre, et l'autre de mer; et sans perdre de tems, il alla au-devant d'une flotte Phénicienne de quatre-vingt voiles qui venait joindre celle des Perses dans la Chersonnèse. Il la combattit et se rendit maître d'un grand nombre de vaisseaux. Ces succès et quelques autres dont ils furent suivis, amenerent une paix glorieuse pour les Grecs. Comme politique, Cimon maintint la bonne intelligence entre les alliés, et fut le nœud qui attacha Lacédémone à Athènes. Comme citoyen, il se fit aimer par ses libéralités, estimer par son patriotisme, et respecter par les vérités séveres qu'il disait au Peuple. Il était exilé, lorsqu'il apprit que l'armée Athénienne était sur le point d'attaquer ses ennemis auprès de Tanagre en Béotie; il s'y rendit, et s'étant joint à sa tribu, il combattit comme simple soldat. Depuis, ayant été rappellé d'exil, il fut nommé Généralissime des Grecs contre les Perses. Après divers exploits en Egypte et en Chypre, il mourut dans cette île la deuxieme année de la 82eme. Olympiade.

Ses fréquentes absences d'Athènes, et l'austérité de ses principes, avaient diminué son crédit, et augmenté celui de Périclès son rival.

Cimonie, s'est immortalisée par sa piété filiale. Son pere ayant été condamné pour quelque crime, à mourir de faim dans les fers, elle le fit subsister quelque tems, en lui donnant à succer son propre lait. Les juges informés de cette piété industrieuse, firent grâce au pere en faveur de la fille.

Discite quid sit amor; lactat pia gnata parentem,
Quem miseranda fames et fera vincla premunt.
Tantus amor fertur vitam meruisse Cimoni;
Sic que fuit patri filia facta parens.

Le Sacré Collége des Cardinaux et *Prélati*, voudra bien nous permettre d'honorer un peu plus cette ancienne Romaine, que les Thérese, les Marie-à-Lacoque, les d'Agréda, les Lavaliere, et autres mystiques récluses, qui abandonnaient bravement peres, meres, époux et enfans, pour s'ensèvelir dans les cachots d'un couvent où elles n'avaient autre chose à soigner, que leur chat et leur serin.

CINCINNATUS.

> La ville est le *séjour* des profanes humains,
> Les Dieux habitent les campagnes.
>
> (J. B. ROUSSEAU.)

Cincinnatus tiré deux fois de la charrue pour aller combattre et vaincre les ennemis de sa patrie ; Cincinnatus, deux fois dictateur et se hâtant d'en abdiquer les redoutables fonctions pour retourner aux champs ; Cincinnatus refusant les terres, les esclaves et les bestiaux qu'on lui offrait, est assurément bien digne des regards de la postérité. Mais sachons nous garantir d'une admiration exclusive. Cet amour pour la campagne, que nous louons en Cincinnatus, était la vertu péculiere des anciens Romains. C'est par elle, nous osons le dire, qu'ils ont conservé si long-tems leurs mœurs et leur Liberté ; c'est par elle qu'ils se sont rendus maîtres de l'univers. Puissent les Francs se pénétrer de cette vérité, que l'agriculture est la mere nourriciere des états, et que la vie agricole est tout à la fois la sauve-garde de la Liberté, et la source des plus pures jouissances! C'est à la campagne que l'homme jouit véritablement de lui-même ; c'est-là qu'il savoure avec volupté le bonheur d'exister et de sentir ; c'est-là qu'il est véritablement Libre. Combien de fois, maudissant les chaînes qui nous tiennent attachés à la ville, nous sommes-nous écriés avec Horace? *ó rus quando ego te aspiciam*? Combien de fois, témoins de la douce sérénité qui regne sur le front du laboureur, avons-nous dit avec Virgile?

Heureux l'ami des champs, s'il connaît son bonheur!

> O fortunatos nimiùm, sua si bona norint,
> Agricolas! quibus ipsa, procul discordibus armis,

Fundit humo facilem victum *justissima tellus.*
Si non ingentem foribus domus alta superbis
Mane salutantum totis vomit ædibus undam, ...
At secura quies, et nescia fallere vita,
Dives opum variarum; at latis otia fundis,
Speluncæ, vivique lacus; at frigida Tempe,
Mugitusque boum, mollesque sub arbore somni
Non absunt. Illic saltus ac lustra ferarum;
Et patiens operum, parvoque assueta *juventus*;
Sacra Deûm, sanctique patres: extrema per illos
Justitia excedens terris vestigia fecit. . . . . .
Rura mihi, et rigni placeant in vallibus amnes:
Flumina amem, sylvasque inglorius. O ubi
campi,
Sperchiusque, et virginibus bacchata Lacænis
Taygeta! ô qui me gelidis in vallibus Hæmi
Sistat, et ingenti ramorum protegat umbra!
Felix, qui potuit rerum cognoscere causas,
Atque metus omnes et inexorabile fatum
Subjecit pedibus, strepitumque Acherontis avari!
Fortunatus et ille, Deos qui novit agrestes . . .
Illum non populi fasces, non purpura regum
Flexit, et infidos agitans discordia fratres,
. . , ... neque ille
Aut doluit miserans inopem, aut invidit habenti.
Quos rami fructus, quos ipsa volentia rura
Sponte tulere sua, carpsit; nec ferrea *jura*,
Insanumque forum, aut populi tabularia vidit.
Sollicitant alii remis freta cæca, ruuntque
In ferrum, penetrant aulas et limina regum.
Hic petit excidiis urbem, miserosque Penates,
Ut gemmâ bibat, et Sarrano dormiat ostro.
Condit opes alius, defossoque incubat auro.
Hic stupet attonitus rostris: hunc plausus
hiantem
Per cuneos (geminatur enim) plebisque
patrumque
Corripuit: gaudent perfusi sanguine fratrum,
Exilioque domos et dulcia limina mutant,

Atque alio patriam quærunt sub sole jacentem.
Agricola incurvo terram dimovit aratro :
Hinc anni labor, hinc patriam parvosque nepotes
Sustinet : hinc armenta boum, meritosque juvencos ;
Nec requies, quin aut pomis exuberet annus,
Aut fœtu pecorum, aut Cerealis mergite culmi,
Proventuque oneret sulcos, atque horrea vincat.
Venit hyems, teritur Sicyonia bacca trapetis ;
Glande sues læti redeunt ; dant arbuta sylvæ ;
Et varios ponit fœtus autumus, et alte
Mitis in apricis coquitur vindemia saxis.
Interea dulces pendent circum oscula nati :
Casta pudicitiam servat domus ; ubera vaccæ
Lactea demittunt, pinguesque in gramine læto
Inter se adversis luctantur cornibus hædi.
Ipse dies agitat festos : fususque per herbam,
Ignis ubi in medio, et socii cratera coronant,
Te, libans, Lenæe, vocat ; pecorisque magistris
Velocis jaculi certamina ponit in ulmo,
Corporaque agresti nudant prædura palæstra.
Hanc olim veteres vitam coluere Sabini :
Hanc Remus et frater : sic fortis Etruria crevit :
Scilicet, et rerum facta est pulcherrima Roma,
Septemque una sibi muro circumdedit arces.

Ceux de nos Lecteurs qui entendent le latin, nous sauront gré de leur avoir remis sous les yeux un des plus beaux morceaux des Géorgiques ; et ceux qui ne l'entendent pas, connaissant l'esprit qui a présidé à la rédaction de cet article, nous pardonneront la longueur d'une citation qui a été pour nous une véritable jouissance.

Clairaut apprit à lire dans les élémens d'Euclide. Depuis Pascal, personne n'avait montré plus de génie pour les Sciences abstraites, que le jeune Clairaut. N'étant âgé que de douze ans, il lut un mémoire à l'Académie des Sciences, sur quatre nouvelles courbes géométriques de son invention. Sa réputation ne fit depuis que s'accroître par de nouveaux succès. Il n'avait que 18 ans, lorsqu'il fut reçu à l'Académie et associé aux Académiciens qui allerent au nord, pour déterminer la figure de la terre. Il est mort, en 1765, âgé de 52 ans, après avoir publié un grand nombre d'ouvrages, et fait d'importantes découvertes. Ses mœurs douces et son caractere bon, égal et obligeant, lui avaient concilié l'estime des philosophes et des hommes raisonnables.

Cléobis et Biton. C'étaient deux Freres qui se rendirent célebres par leur tendresse envers leur mere prêtresse de Junon. Comme un sacrifice qu'elle devait faire, exigeait qu'elle fut menée au temple sur un char, ils suppléerent au défaut des bœufs qu'on ne pût avoir dans le moment : et s'étant eux-mêmes atelés au char, ils le traînerent au temple. Leur mere touchée de cette marque de tendresse pour elle, pria Junon de leur accorder le plus grand bien que les hommes pussent recevoir des Dieux. Ces Jeunes Gens, après avoir soupé comme de coutume, avec leur mere, allerent se coucher ; et le lendemain, ils furent trouvés morts dans leur lit. (*Dict. Hist.*)

Clélie, l'une des filles Romaines données en ôtage à Porsenna, lorsqu'il mit le siege devant Rome, l'an 247 de sa fondation pour rétablir les Tarquins sur le Trône. Cette jeune républicaine indignée de vivre avec des Tyrans, se sauva du camp ennemi, et se précipitant dans le Tybre au milieu d'une nuée de traits qu'on lui tirait du rivage, rentra en nageant au sein de sa Patrie. Mais le Sénat, religieux observateur de sa parole, la renvoya à Porsenna ; celui-ci admirant le courage de cette jeune Héroïne, lui donna avec sa liberté la permission de retourner à Rome avec cinquante de ses compagnes. Clélie retourna donc une seconde fois triomphante au milieu des Romains, qui, pour éterniser son courage, lui dresserent une statue équestre sur la place publique. Cette illustre Romaine vaut bien nos dévotes du Calendrier; d'ailleurs, le mot *dévot* vient du latin *devotus*. A Rome les *dévoti*, étaient les *Curtius*, les *Décius*, les *Clélies*, *etc.*, tous vrais enfans de la Patrie, fiers défenseurs de la Liberté, et tendres amis de l'humanité. Nous espérons qu'un jour les Français foulant au pieds les derniers abus qui fascinent leurs yeux, verront avec plaisir et enthousiasme, les noms des braves et jolies Fernick et Anselme, remplacer ceux des vieilles inutiles de la Légende dorée, et laver les taches, dont les noms de ces dernieres ont depuis si long-tems sali nos Calendriers.

Cléomène, fils de cette infame Léonidas, dont les intrigues avaient fait condamner à mort le vertueux et infortuné Agis, suivit le plan de ce jeune Prince, son beau-frere; et comme il réunissait les talens aux vertus, il vint à bout autant par sa fermeté, que par ses exemples, d'opérer la révolution vainement tentée par Agis; les effets en furent rapides, et prouverent la bonté des institutions de Lycurgue. Cléomene non-seulement délivra sa Patrie de toute influence étrangere, mais encore il remporta de grands avantages sur les Achéens. Ceux-ci alarmés de ses progrès, appellerent à leur secours Antigonus, régent de Macédoine. Cléomene vaincu par lui à Sélasie, fut obligé de se retirer dans le royaume des Ptolomées. Là, ayant inutilement essayé d'appeller le peuple à la Liberté, il se donna la mort, la deuxieme année de la 140eme olympiade.

Clisthène, Magistrat Athénien, fit la célebre Loi connue sous le nom *d'ostracisme*, par laquelle on condamnait au bannissement tout citoyen que de grands talens ou de grandes vertus, ou un grand ascendant sur le peuple, rendaient suspect à la Liberté : il fit chasser par cette loi le tyran Hippias, fils de Pisistrate, et rétablit la Liberté de sa Patrie, la troisieme année de la 67 olympiade.

Il n'est peut-être pas inutile de remarquer qu'Hippias retiré à la cour de Darius, engagea ce Prince à venger leurs injures communes ; et que le Fréderic-Guill. de la Perse envoya Mardonius-Brunswick, pour conquérir la Grece.

On sait quelle fut l'issue de l'invasion ; et comment le génie de la Liberté triompha des despotes conjurés. Tel a été et tel sera toujours le sort de ces entreprises contre la Liberté des peuples, formées par des traîtres, ou par les vils agens des Rois.

On peut observer encore que Mardonius, à son entrée dans la Grece, fit publier les plus insolens manifestes ; tel on a vu Brunswick qui par métempsycose, a hérité de la forfanterie et de la cruauté de Mardonius, inonder la France de manifestes sanguinaires, manifestes, dont on a fait une éclatante justice, et qui n'ont servi qu'à leur auteur, dans l'embarras singulier où il se trouvait, lorsqu'il a fui du sol de la Liberté.

Coligni. Les Historiens vendus aux prêtres et aux rois, n'ont pu, malgré leurs efforts, attacher à ce nom une infamie qu'ils méritaient seuls. Coligni, malgré l'anéantissement de son parti, est resté cher à la postérité. Elle a vu en lui un Général habile quoique malheureux, un grand homme d'État et un ami de la Liberté. Le récit de ses travaux militaires se trouve partout ; mais ses vues Politiques, mais ses projets pour la Liberté et pour la gloire de sa patrie, ont échappé aux

Annalistes. C'est lui qui le premier, a conçu cette grande idée, depuis adoptée et réalisée par les Anglais, que le nouveau monde pouvait devenir l'asile des infortunés que le despotisme et la superstition banissaient de l'Europe ; et s'il avait été secondé dans son entreprise, le Brésil où il envoya une colonie, ne gémirait point aujourd'hui sous la tyrannie de l'avide Portugais. On attribue encore à ce Grand Homme le hardi projet d'ériger la France en République ; car la Religion Protestante qu'il avait embrassée s'accomode difficilement de la Monarchie. Cette conjecture se change presque en certitude, lorsqu'on examine attentivement et le caractere et les talens de Coligni. Mais l'affreuse Journée de la S. Barthélemi enleva aux Protestans leur appui, aux Amis de la Liberté, leur espoir, et au Nouveau Monde, un vengeur. Coligni attiré à la cour sous les dehors d'une paix perfide et simulée, y fut lâchement massacré par les satellites de Guise qui le foula aux pieds.

COLOMB.

Ce Génois, ce vainqueur des mers
Qui d'un vaste et riche hémisphere
Aggrandit pour nous l'univers.

(BARTHE.)

Dès son enfance, il parcourut les mers, et se trouva sur son élément. Il ne put résister à cet instinct dominateur et à ce puissant enthousiasme qui entraînent l'homme vers sa destinée ; et le Nouveau Monde fut découvert.

Ce fut le 12 Octobre 1492, que cet homme immortel ajouta, par la découverte de la petite isle de Guanahani, un immense chapitre à l'histoire du genre humain. Mais, s'il ouvrit un vaste champ à l'avarice et à l'ambition, il montra une Patrie aux opprimés de toutes les Nations, et un refuge à la Liberté persécutée. C'est ainsi que le bien est souvent à côté du mal.

Il est inutile de dire que Colomb fut persécuté par l'envie et par l'ignorance. C'est l'apanage des Grands Hommes ; et Colomb était trop grand pour échapper à la commune destinée. Disgracié, chargé de fers, et obligé de traîner à la suite d'une cour ingrate, l'humiliation d'un suppliant, il dût se repentir d'avoir élevé l'Espagne à la dignité du plus grand Empire de l'univers.

Cependant il confondit ses ennemis par une plaisanterie devenue célèbre. Comme ils répétaient souvent qu'il n'avait pas eu beaucoup de peine à faire ses découvertes, après les heureuses tentatives de ceux qui l'avaient précédé, il leur proposa de faire tenir un œuf droit sur la pointe ; et aucun n'ayant pu le faire, il cassa le bout de l'œuf et le fit tenir. *Rien n'était plus aisé, dirent les assistans. J'en conviens*, leur répondit Colomb ; *mais personne ne s'en est avisé. C'est ainsi que j'ai découvert les Indes.*

Ce grand navigateur mourut en 1506, à 64 ans.

Dans son troisieme voyage, il avait découvert le Continent a 10 dégrés de l'Equateur; mais il n'eut pas la gloire de lui donner son nom. (*Voyez Améric-Vespuce.*)

Condé, le plus grand homme après Henri IV, qu'ait produit la nombreuse et tyrannique (1) maison de Bourbon. « Qui n'a pas ouï les victoires du « prince de Condé? on les raconte par tout: le Fran« çais qui les vante n'apprend rien à l'Etranger ; « et quoique je puisse aujourd'hui vous en rap« porter ; toujours prévenu par vos pensées,

(1) Sterne dans son voyage sentimental dit que les Bourbons ne sont point tyrans. Quelle assertion pour un Anglais ! mais Sterne était prêtre ; et il voyageait en France.

« j'aurai

» j'aurai encore à répondre au secret reproche » que vous me ferez d'être demeuré beaucoup » au-dessous ». *Bossuet*.

Rocroi, Fribourg, Norlingue, Lens, Senef etc., seront les éternels monumens de sa gloire militaire. Heureux, si sa haine pour Mazarin, et le mécontentement général dont il était bien instruit, l'avaient excité à un généreux effort pour établir la Liberté dans sa Patrie! Mais une si grande idée pouvait-elle frapper l'ame d'un Bourbon? On se souviendra donc que Condé a porté les armes contre la France, et que son pere, et son bisaïeul lui en avaient transmis le funeste exemple.

Au surplus, tous ces Condés, n'ont fait la guerre qu'à des tyrans subalternes et tonsurés, connus sous le nom de Cardinaux, tels que les Lorraines, les Richelieux, les Mazarins, etc. c'est-à-dire, qu'ils ont combattu le despotisme ministériel; et le *petit* Condé de nos jours a pris les armes pour le rétablir. Voilà la différence. Il est vrai que le *vainqueur* de Fulberg, n'est pas celui de Rocroi; et que sa colere n'est pas tout-à-fait aussi redoutable que celle d'Achile ou du *Roi Lion*. Voilà encore une différence.

Condé-le-*Géant*, passa les dernieres années de sa vie dans sa belle retraite de Chantilli; éloigné de la cour et de l'intrigue, cultivant les arts et les lettres, ami de tous les hommes de mérite, sans prétendre les honorer. Il mourut en 1685, âgé de 64 ans. Si on veut avoir une idée plus étendue du caractere et des exploits de Condé, on peut lire le superbe monument que Bossuet a élevé à sa gloire.

Condillac. Son *traité des sensations* et son *essai sur les connaissances humaines*, lui ont acquis la réputation du plus grand et du plus hardi métaphysicien de notre époque. Son *cours d'étude* pour l'imbécile Bourbon qui régne à Parme, sera lu avec fruit par les instituteurs; mais les jeunes disciples préféreront toujours Rolin, dont les préceptes clairs et intelligibles, dont la morale douce et affectûeuse, et dont le style intéressant et facile sont plus appropriés à leur âge. Condillac, philosophe sublime, n'était qu'un littérateur médiocre, si l'on en juge par son opinion sur quelques vers de Boileau. Il avait oublié que c'est le sentiment, plutôt que l'esprit grammatical et la froide analise, qui doit apprécier les beautés poëtiques.

Condillac mourut en 1780, il était frere Cadet de *Mably* le politique. *Fortunati ambo!*

Confutzé, le Socrate et le Numa des Chinois. La vénération attachée à son nom n'a fait que s'accroître par le tems; et depuis 23 siecles, ce philosophe est l'oracle du peuple le plus ancien et le plus éclairé de l'Asie.

On peut consulter sur sa morale, la comparaison qu'en a faite Pastoret avec celles de Moyse et du fondateur de la religion chrétienne.

Nous ne rapporterons ici qu'une de ses maximes. *Ne parlez jamais de vous aux autres, ni en bien, parce qu'ils ne vous croiront pas; ni en mal, parce qu'ils en croyent déjà plus que vous ne voulez. Avouer ses défauts, quand on est repris, c'est modestie; les découvrir à ses amis, c'est ingénuité, c'est confiance; se les reprocher à soi-même, c'est humilité; mais les aller prêcher à tout le monde, si l'on n'y prend garde, c'est orgueil.*

On voit que cette maxime est de tous les tems et de tous les pays.

Cook, le plus grand Navigateur de ce siecle,

et peut-être des siecles précédens naquit en Angleterre, en 1727. De Mousse-Charbonnier, il s'éleva par ses services et par ses connaissances nautiques jusqu'au grade de Capitaine dans la Marine, *dite* royale.

Trois voyages successifs dans la mer du sud, en immortalisant le nom de Cook, ont aggrandi l'univers d'un nouveau monde, dont la New-Hollande est la partie principale. Cook est le premier qui ait reconnu la côte occidentale de cette grande Isle, qu'on peut regarder comme un continent. Il est aussi le premier qui ait tourné la New-Zélande, et qui ait constaté que, bien loin de faire partie d'un grand continent, elle n'était qu'une terre d'une médiocre étendue, composée de deux îles. On doit encore au Capitaine Cook, la découverte de la New-Caledonie, de la plupart des îles Hebrides, de celle des Amis, de la Société, des Isles Sandwick, ect., la reconnaissance de la terre australe du Saint-Esprit, vue autrefois par Quiros. Ce n'est pas tout encore : au midi, il s'est avancé vers le 7e dégré, en coupant dans tous les sens le parallele des hautes latitudes, il a demontré qu'il n'existait point de continent austral, comme on l'avait cru jusqu'à lui.

Vers le nord, il n'a pu aller au-delà du 71eme dégré de latitude ; mais il a reconnu la côte N. O. de l'Amérique, et rectifié une infinité d'erreurs. Il se disposait à faire une seconde tentative vers le pôle septentrional, lorsqu'il fut massacré dans l'île d'O-Why-Hée, une des îles Sandwich, où il avait été d'abord favorablement accueilli. Sa mort arrivée le 16 Fevrier 1779, fut une perte pour les sciences et pour l'humanité.

Jamais homme de mer n'entendit mieux que le Capitaine Cook, l'art de conserver dans les voyages de long cours, son vaisseau en bon état, et son équipage en santé. Dans son second voyage qui avait duré plus de trois ans, pendant lesquels il avait parcouru tous les climats, du 52ieme dégré de latitude N. au 71eme de latitude S, il n'avait perdu qu'un seul homme sur cent dix-huit, dont son équipage était composé. On peut voir dans le recueil de ses voyages, les moyens sages et éclairés dont il s'avisa, pour entretenir sur ses vaisseaux la salubrité de l'air, et le santé de ses compagnons.

Cook avait toute la franchise d'un Marin, tout le courage d'un Guerrier et l'humanité d'un Philosophe. Un tendre attachement pour son épouse relevait toutes ces qualités. Lorsqu'il partait pour une course maritime, il disait à ses amis : *le printems de ma vie a été orageux; mon été est pénible : mais je laisse dans ma Patrie un fonds de joie et de bonheur qui embellira mon automne.*

Le nom de Cook n'était prononcé dans toute l'Europe qu'avec vénération ; les rois eux-mêmes se virent forcés par l'opinion publique de rendre hommage aux talens et aux découvertes de ce grand Navigateur ; car dès le commencement de la guerre Américaine, les despotes de Versailles et de Madrid, ordonnerent à leurs Escadres de respecter les vaisseaux du Capitaine Cook, dans quelque partie du globe qu'elles le rencontrassent.

Copernic, célebre Auteur du système qui porte son nom, renouvella les anciennes idées de Philolaüs, d'Hypparque et de Pythagore. Le Soleil, suivant ce système regardé aujourd'hui comme le seul vrai, est au centre du monde. Les six planètes tournent sur leur axe autour de cet astre, d'occident en orient. Les différentes révolutions de ces six planètes sont proportionnées à leur différentes distances du soleil, dans un cercle qui environne celui de Vénus ; et ce mouvement s'accomplit en un an. La terre en a encore un autre qui se fait en vingt-quatre heures autour de son axe, et c'est par ce mouvement qu'on explique le jour et la nuit. La Lune n'est pas dans la regle générale. Elle se meut et décrit son cercle autour de la terre. Les cieux sont immobiles dans ce système ; et les étoiles y sont placées à une distance immense du Soleil. N'oublions pas de dire pour l'instruction des hommes, que ce système fut condamné en 1616, comme une hérésie.

Copernic mourut en 1543, âgé de soixante-dix ans. Il était natif de Thorn, dans la Prusse Royale, et Chanoine de Warmie. Dans sa jeunesse, il avait voyagé en Italie et partout ou il avait pu consulter des Astronomes habiles. Il fut exempt d'ambition, ami de la retraite ; et l'étude des sciences fut son unique occupation.

Corbulon, Général Romain, rétablit l'honneur de l'empire, sous Claude et sous Néron. L'Asie supérieure fut le théâtre de ses exploits. Il chassa Tiridate d'Arménie, remit Tigrane sur le trône et força les Parthes à demander la paix. Corbulon vainqueur des ennemis du dehors, succomba sous les traits empoisonnés des courtisans. Ayant appris que Néron avait donné ordre de le mettre à mort, il le prévint et se perça de son épée, l'an de Rome 818, en disant : *Je l'ai bien mérité*.

Corneille, le pere de la Tragédie française.

Combien de fois, ô grand homme ! ô Corneille !
Puissant génie, étonnant créateur,
De ton vol d'aigle observant la hauteur,
J'ai vu l'aurore interrompre ma veille !.....
De quels rayons le ciel t'illumina,
Quand du faux goût rompant les lourdes chaînes,
Et t'élevant de Clitandre à Cinna,
Paris devint la rivale d'Athènes !

Corneille eut comme Virgile et comme Lafontaine cette simplicité qui est la compagne du génie, simplicité, qui en cachant le grand homme aux yeux du vulgaire, console en quelque sorte la médiocrité.

Il était bon pere, bon mari, bon parent, tendre et plein d'amitié; il avait l'ame fiere et indépendante; nulle souplesse, nul manége, ce qui l'a rendu très-propre à peindre la vertu Romaine, et très-peu propre à faire sa fortune, comme l'observe Fontenelle, son illustre Neveu. Le grand Corneille mourut, en 1684, âgé de 78 ans.

Personne n'a mieux loué Corneille que Racine, son heureux rival. On peut voir dans le discours qu'il prononça lors de la réception de Thomas Corneille à l'Académie, le bel éloge qu'il fait du créateur de notre tragédie. Mais nous invitons les Jeunes gens à ne point lire les perfides commentaires qu'a publiés l'Auteur de Zaïre, sur les pièces de Corneille. Ce grand homme, leur paraîtrait un nain, et le plus méprisable des poëtes.

Corneille le Jeune, a cueilli quelques lauriers dans la carriere dramatique; mais comme disait fort plaisamment Despréaux, on s'apperçoit à la lecture de ses pieces, qu'il n'était qu'un cadet de Normandie.

Cornélie, fille du grand Scipion et mere des deux Gracques, eut toutes les vertus propres à son sexe, et surtout une sollicitude éclairée pour l'éducation de ses enfans. Une femme de la Campanie ayant fait devant elle étalage de ses bijoux, la pria de lui montrer les siens. Cornélie attendit, pour lui répondre, que ses enfans fussent revenus des écoles publiques. Les montrant alors à cette vaine Provinciale, voilà, dit-elle, mes bijoux et mes ornemens. Les Gracques répondirent aux soins de leur mere; et si une mort tragique et prématurée ne les eût enlevés au Peuple dont ils étaient les plus ardens défenseurs, ils auraient égalé leur ayeul en réputation guerriere, et les plus grands Orateurs de la République, en Eloquence.

Crébillon, fameux Poëte tragique mort à Paris, en 1762, âgé de 88 ans. Il avait tant de mémoire, qu'il n'écrivait *jamais* ses tragédies, et les récitait par cœur aux comédiens. La noirceur de ses pinceaux faisait soupçonner la bonté de son cœur. Ses amis connaissant la douceur et la pureté de ses mœurs, lui demanderent pourquoi il avait choisi ce genre noir et terrible; il répondit : « Corneille s'était emparé des cieux, Racine de la terre, » il ne me restait plus que les enfers, et *je* m'y suis » *jeté* à corps perdu ». Il fut en proie à mille injustes critiques; l'envie ne cessa de le déchirer qu'à sa mort, et malgré tous ces coups si sensibles; pour l'homme juste, il ne se permit *jamais* une seule personalité. Lorsqu'il fut reçu à l'Académie, et qu'il en vint à ce vers de son discours,

Aucun fiel n'a jamais empoisonné ma plume.

Tous les spectateurs applaudirent avec transport en rendant hommage à la vérité de son assertion. Quel exemple pour nos modernes!

Curius-Dentatus fut trois fois Consul et jouit deux fois des honneurs du triomphe. Il vainquit les Samnites, les Sabins, les Lucaniens, et força Pyrrhus d'abandonner l'Italie.

Ses vertus civiles étaient encore au-dessus de ses talens militaires. Après ses victoires, il se retirait à la campagne, où il cultivait de ses mains l'héritage de ses peres. Les Ambassadeurs des Samnites, l'ayant trouvé qui faisait cuire des raves dans un pot de terre, lui offrirent des vases d'or, pour l'attacher à leurs intérêts; mais Curius les refusa en disant : *croyez-vous qu'un homme qui se contente de ces vases de terre, soit capable de se laisser corrompre par votre or ?*

CURTIUS jeune Chevalier Romain, a transmis son nom à la postérité par un dévouement superstitieux, mais que justifia le saint Amour de la Patrie. Un gouffre s'étant ouvert sur une place de Rome, Curtius, d'après la réponse de l'Oracle qui ordonnait d'y jeter ce que les Romains avaient de plus précieux, Curtius s'y précipita tout armé, et le gouffre se referma, dit-on, à l'instant.

. . . . . . Quid non mortalia pectora cogis,
Fortis amor Patriæ ?

L'amour de la Liberté, disait le Dictateur Largus, est si naturel à l'homme, qu'il semble qu'on doive pardonner les fautes qu'il fait commettre. *Patrie et Liberté* sont synonimes dans la langue d'un Peuple Libre ; car il n'y a point de Patrie, là où régne le despotisme. Curtius sera donc éternellement loué, non pas de son dévouement, mais du principe qui l'a produit.

CUSSAY, natif d'Angers, et militaire de profession, eut pour retraite le commandement du Château de cette ville ; et ce fut dans ce poste honorable mérité par ses services, qu'il reçut du Duc de Guise, l'ordre abominable d'assassiner tous les Protestans de l'Anjou, à commencer du jour de la Saint-Barthélémi. Ce respectable Officier, ce Héros de l'humanité, sans considerer les dangers auxquels il s'exposait, répondit : « je » porte d'honorables marques de mon zele et » de ma fidelité pour la France ; je chéris plus » mes blessures, que toutes les décorations que vous » pourriez me donner, parce que je les ai acquises

» par des actions nobles ; vous ne voudriez pas que » je souillasse 50 ans d'une vie honorable et pure » par le plus lâche de tous les assassinats. Dites » au Roi, que mes compatriotes sont tous bons » citoyens, valeureux guerriers, et non pas assas- » sins ». Cette action courageuse et humaine sauva la vie à des milliers d'infortunés. La cour bouleversée par les intrigues et nageant encore dans le sang, oublia par bonheur le refus et la vertu de Cussay, et le laissa jouir dans sa province du plaisir indicible d'avoir été, en France, un des trois Héros de l'humanité qui refuserent d'obéir à la cour homicide. Il mourut à Angers, en 1579.

Quoique Cussay fut noble et vertueux, ceci ne prouve rien en faveur de la noblesse ; au contraire, lorsqu'un chef de race s'était distingué, tous ses descendans croupissaient ordinairement dans la plus crasse ignorance, et le plus honteux oubli ; la preuve c'est que depuis, aucun de cette famille n'a valu la peine d'être nommé.

D.

Dacier, fille du célèbre Tannegui le Fevre, épousa le savant et laborieux Dacier ; ce qui fit dire à un plaisant, que *le grec et le latin s'étaient mariés ensemble.*

Ses traductions d'Homère, de Térence et de Plaute, et les éditions qu'elle a données d'une infinité d'Auteurs Grecs et Latins, déposent en faveur de son savoir et de son assiduité au travail. Elle a laissé à son sexe un grand exemple, et au nôtre une leçon.

Anne Dacier releva ses talens par la pratique des vertus privées et domestiques. L'Anecdote suivante peut donner une idée de sa modestie. Un Seigneur Allemand l'ayant priée de s'inscrire sur son *album*, elle y mit son nom avec ce vers de Sophocle : *Le silence est l'ornement des femmes*.

Cette femme illustre mourut en 1720, à l'âge de 69 ans, après avoir soutenu une guerre de plusieurs années contre les détracteurs d'Homère et des Anciens.

Daguesseau, chancelier de France, fut un des hommes les plus vertueux, les plus éloquens et les plus savans de son siecle. On n'oublîra jamais que dans le cruel hiver de 1709, il sauva la France des extrémités de la famine, en forçant l'avarice de répandre dans la circulation les amas de blé qu'elle avait faits pour s'enrichir des malheurs publics. Qu'un tel homme serait précieux dans les circonstances où nous sommes ! Et qu'il exercerait utilement sa vigilance patriotique !

Daguesseau ne se crut élevé aux honneurs que pour faire du bien aux hommes. Lorqu'il fut Procureur-général, il regarda l'administration des hôpitaux comme l'objet le plus cher de ses soins. On lui conseillait un jour de prendre du repos : *puis-je me réposer*, répondit-il généreusement, *tandis que je sais qu'il y a des hommes qui souffrent ?* Paroles immortelles et que tout homme public devrait sans cesse avoir à la bouche !

Daguesseau s'occupa pendant trente ans de la réforme des lois civiles et criminelles. Mais une telle opération était trop au-dessus des forces d'un seul homme ; et il ne fallait pas moins que la volonté ferme et éclairée de toute une nation pour l'effectuer. Daguesseau conserva dans la place de Chancelier, la fierté de son ame et l'indépendance de ses opinions. Aussi devint-il odieux aux courtisans et à ceux qui s'engraissaient de la substance du Peuple. Il fut exilé pour s'être fortement opposé à l'adoption du système de Law ; mais la faveur publique l'accompagna dans la retraite, et lui-même oublia les injustices de la cour, dans la culture des sciences et dans les travaux innocens de la campagne. « Il avait » accepté les honneurs en citoyen, dit son panégyriste ; il les remplit en sage ; il les quitte en » héros, dès qu'il ne peut plus les exercer ».

Daguesseau mourut en 1750, âgé de 82 ans, cher à la France par les bienfaits de son administration, et à l'Europe entière par la réputation de son savoir et de sa vertu.

D'ALEMBERT, un des Pères de l'*Encyclopédie*. Le dicours préliminaire qu'il a mis à la tête de cet immense recueil des connaissances humaines, suffirait seul pour l'immortaliser, quand même il n'aurait point de titres à la gloire par ses découvertes en géometrie et en mécanique. Ses ennemis l'appellaient le *Mazarin* de la littérature ; mais il dut moins l'empire qu'il exerça dans la République des Lettres au manége qu'on lui reprochait, qu'à l'estime qu'il savait inspirer. L'amour de la vérité, le zèle pour les progrès des sciences, une probité, un désintéressement noble et sans faste, une bienfaisance éclairée, enfin une reconnaissance de toute sa vie pour la femme généreuse qui avait eu soin de son enfance, telles furent ses vertus.

Il faut convenir cependant qu'il ne répandit les rayons de sa philosophie que d'une manière assez oblique, si l'on peut se servir de ce terme ; et qu'il fut bien éloigné d'imiter la manière franche et courageuse d'Helvétius, de Rousseau, et même de Voltaire. Cette conduite s'explique par le désir qu'avait d'Alembert de vivre tranquille au sein de sa Patrie, et de ne point attirer sur sa tête les foudres de la superstition toujours prêts à gronder. Mais lorsqu'on ne dit la vérité qu'à-demi, ou que l'on craint de l'énoncer, mérite-t-on le beau titre de philosophe?

D'Alembert est mort à la fin de 1783, âgé de

66 ans, quelques mois avant Diderot, son collegue Encyclopédique.

Dampier, Navigateur Anglais, parcourut en 1699, la côte occidentale de la New-Hollande, depuis le vingt-huitième dégré, jusqu'au quinzième parallele. Il retourna ensuite à Timor d'où il revint visiter la terre des Papous, longea la Nouvelle-Guinée, découvrit le passage qui porte son nom, et appella Nouvelle-Bretagne la grande île qui forme ce détroit à l'Est. C'est ce même Dampier qui, depuis 1683 jusqu'en 1699, tantôt flibustier, tantôt commerçant, avait fait le tour du monde en changeant de navires. Il a laissé une relation de ses voyages.

Danville, mort en 1780, à 82 ans, un des plus grands Géographes de ce siecle. Ses cartes qui sont très-nombreuses, surpassent en exactitude celles de Samson et de Delille, parce qu'il a profité des nouvelles découvertes, et qu'il joignit à une mémoire immense un esprit juste et méthodique. Les plus connus de ses ouvrages, sont une Géographie Ancienne, et une Notice de l'ancienne Gaule.

Danville était vraiment né pour être Géographe. Dans son enfance, lorsqu'il était au collége, il s'amusait à dessiner des cartes, et les faits historiques l'intéressaient moins dans les auteurs que les lieux où ils s'étaient passés. Ainsi un insecte touchait plus Mallebranche, que toute l'histoire Grecque et Romaine.

Pendant plus de 40 ans, cet habile Géographe a travaillé quinze heures par jour. On ne saurait trop le redire aux jeunes Francs. Ce n'est que par un travail infatigable et méthodique que l'on réussit dans les lettres et dans les sciences.

Danville était aussi recommandable par la douceur et la simplicité de ses mœurs que par ses connaissances géographiques.

Darc (Jeanne) surnommée la *Pucelle d'Orléans*, une de ces femmes extraordinaires qui ne manquent jamais de paraître dans les grandes révolutions, et que le génie tutélaire d'un état fait naître pour inspirer à l'homme une honte salutaire, ou réveiller en lui l'amour généreux de la gloire.

Une jeune fille de 18 ans, faible et timide, élevée loin du tumulte des armes, transformée subitement en amazone intelligente, donnant par son courage et par l'enthousiasme qu'elle excite dans tous les cœurs, une nouvelle face aux affaires; affermissant sur la tête de l'indolent Charles VII, une couronne prête à lui échapper ; et lorsqu'elle tombe au pouvoir d'un ennemi féroce, conservant dans la prison la dignité de son caractère, et dans son intérrogatoire une présence d'esprit admirable : subissant ensuite avec un courage au-dessus de son sexe, le plus affreux des supplices ; telle est l'histoire abrégée de Jeanne Darc. Elle a paru fabuleuse à la postérité. Cette généreuse fille a été en butte après sa mort aux plus odieuses inculpations. On l'a surtout regardée comme un instrument superstitieux dont s'était servi la politique pour ranimer le parti expirant de Charles VII. Quelqu'ait été le mobile qui ait fait agir ce ressort contre les ennemis de la France ; sans entamer ici une discussion superflue, nous pensons qu'il restera toujours à Jeanne Darc, la gloire d'avoir imprimé un mouvement salutaire au parti de Charles VII.

Au-surplus, ce n'est point Jeanne Darc teinte du sang ennemi, que nous proposons pour modele aux personnes de son sexe. (Les mains délicates de l'amour ne sont point faites pour manier les instrumens du carnage :) C'est Jeanne Darc brûlant de zele pour l'indépendance de son pays ; c'est Jeanne Darc vertueuse au milieu de la corruption des camps, c'est enfin Jeanne Darc mourant avec une constance héroïque, sur un bûcher allumé par la superstition.

Dassas, Capitaine au régiment d'Auvergne, se dévoua d'une manière bien héroïque à l'affaire de Closter-camp, en 1760. Son régiment étant près d'un bois pendant la nuit, il y entra seul pour le fouiller, de peur de surprise. A peine eût-il avancé quelques pas, qu'il se sentit environné d'une troupe d'ennemis, qui lui mirent la baïonnette sur la poitrine, en le menaçant de le tuer sur la place, s'il disait un mot. Mais ce nouveau Curtius, n'écoutant que sa bravoure et la voix de l'honneur, s'écrie d'une voix intrépide : *Auvergne, faites feu, ce sont les ennemis....* et il tombe mort sur le champ, percé de coups. Que ne feront point les Francs, à la voix de la Patrie et de Liberté, s'ils ont été capables d'un si sublime dévouement, lorsqu'ils étaient commandés par un despote, et par l'honneur guerrier ?

Le jeune Dessilles se montra le digne rival de Dassas, lorsque le traître Bouillé immola devant Nanci à sa rage aristocratique, des régimens égarés par un ardent patriotisme.

Décius, nom de trois Romains, père, fils, et petit fils, tous trois Consuls, qui se dévouèrent pour leur Patrie ; le premier dans la bataille donnée contre les Latins, l'an 414 de Rome ; le second dans la guerre contre les Samnites, et le troisième dans celle de Pyrrhus.

Celui qui se dévouait ainsi aux Dieux infernaux, après quelques cérémonies et quelques prières que faisait le Pontife, s'armait de toutes pièces, et se jetait dans le fort de la mêlée.

N'accusons pas témérairement les Décius

d'avoir été mûs par une aveugle superstition. Il peut se faire qu'ils aient regardé leur dévouement comme un acte qui appaiserait la divinité offensée; et sous ce point de vue, ils ont eu la gloire de se sacrifier pour tout un peuple. Mais ils s'avaient aussi, ces grands hommes, quel courage inspirait aux soldats la mort d'un chef, lorsqu'elle semblait être demandée par les Dieux; et cette considération si puissante sur un cœur Républicain, ne leur permettait pas de mettre en balance le sacrifice de leur vie et la victoire.

Démosthène, le plus grand Orateur qu'ait produit la Grece.

C'est une chose digne de remarque, que les deux hommes les plus éloquens de l'antiquité, l'un à Rome et l'autre à Athénes, aient paru précisément lorsque la corruption des mœurs était à son comble, et que le principe de la démocratie était presque détruit. On dirait qu'à cette époque douloureuse, la nature veut faire un dernier effort pour la consolation du genre humain. C'est alors qu'elle fait éclore une de ces ames privilégiées, sur lesquelles tous ses dons se trouvent accumulés. Cette ame ordinairement douée d'une extrême sensibilité, à la vue de la Liberté qui fuit et de la servitude qui s'avance, se replie fortement sur elle-même et prend un essort extraordinaire. L'impression profonde que lui fait éprouver la Société prête à se dissoudre, l'avertit d'opposer toutes les digues de ses facultés morales, au génie malfaisant qui entraîne une Nation dans l'abyme de la servitude. Sa force se multiplie par les obstacles; et sa vertu échappée seule du naufrage, des vertus publiques et privées, s'éleve au milieu de la dépravation générale, comme un phare lumineux devant lequel on voit pâlir les torches du vice et de l'erreur.

Démosthène, né avec un ardent amour pour

la Liberté, sonna le tocsin dans toute la Grèce, contre les projets liberticides de Philippe. Son éloquence fit trembler ce prince au milieu de ses triomphes, et donna des inquiétudes à Alexandre vainqueur de l'Asie.

Poursuivi par les Rois dont il avait ébranlé les trônes, il put dire en mourant : *je n'ai rien oublié pour détourner la servitude qui menaçait ma Partie.* Non, tu n'as rien oublié, orateur sublime, pour sauver la Liberté. Nous en jurons par la haîne vigoureuse que tu vouas aux despotes ; nous en jurons par ces hommes généreux que ta voix fit courir aux armes ; par ces hommes libres que la fortune trahit dans les plaines de Cheronée. Nous en jurons par la frayeur des Tyrans, et par la joie des hommes libres au souvenir de ton éloquence. Nous en jurons par ces discours immortels, monumens de ton génie et de ton aversion pour la servitude. Nous en jurons enfin par ta mort généreuse, et par les regrets sincères quoique tardifs, de tes concitoyens.

Demosthene poursuivi par les soldats d'Antipater, se donna la mort la 3eme année de la 114eme olympiade.

Descartes, un de ces hommes qui font époque dans l'histoire de l'esprit humain, et que la nature produit à des intervalles marqués, pour opérer dans l'ordre moral les révolutions indispensables.

L'antique philosophie des péripateticiens regnait en souveraine sur toute l'Europe ; il vint un homme qui Douta ; et Aristote fut relégué dans l'Empire des chimères. Descartes fut l'Auteur de cette grande révolution.

Sa *Dioptrique* est la plus grande et la plus belle application qu'on eût fait encore de la géométrie à la philosophie.

Sa métaphysique jetta les fondemens de la

taine morale et même de la bonne physique; car ses erreurs dans cette partie, sont celles du génie, et il a démontré au moins l'absurdité de l'ancienne physique. Mais la plus solide partie de sa gloire, celle qui ne lui sera jamais contestée, c'est l'application qu'il a faite le premier de l'Algèbre à la Géométrie.

Voulez-vous connaître si un homme a reçu de la nature un génie supérieur? Examinez quel accueil la médiocrité jalouse fait à ses opinions et à sa personne. S'il est en butte à la calomnie et à la persécution; si on employe tour-à-tour contre lui et avec opiniâtreté, les armes du ridicule et de la violence; si l'on pousse l'acharnement jusqu'à l'accuser d'irréligion; n'en doutez plus: cet homme est né pour éclairer son siècle.

Déscartes fit la triste expérience de cette vérité. méconnu en France, et persécuté dans une contrée où la Liberté du reste de l'Europe semblait s'être refugiée, Descartes ne trouva d'asile, le croira-t-on? qu'à la cour d'une reine, et sur un sol où 150 ans après, le Dom-Quichotte Gustave a inoculé la servitude, avec un succès dont s'indigne la Liberté. Ce fut là que le père de la philosophie moderne finit ses jours en 1650, à l'âge de 54 ans. Plus d'un siecle après, l'Académie Française, interprête des sentimens de la Nation, a proposé l'éloge de ce grand homme. Nous renvoyons nos lecteurs à l'ouvrage de Thomas qui a remporté le prix.

Deshoulières, née en 1638, et morte en 1694.

La nature avait rassemblé en elle, les talens de l'esprit, et les grâces de la figure. Son époux vivement touché de ses charmes, fut pour elle un tendre amant. Aussi lorsqu'elle fut arrêtée à Bruxelles, et qu'elle avait tout à craindre pour sa vie de la part des Espagnols, Deshoulieres exposant ses jours pour sauver ceux de son épouse, s'introduisit sous un faux prétexte dans sa prison, la délivra et prit la route de France avec elle.

Là, tranquille après tant d'orages, elle put s'abandonner à son goût pour la poésie. Ses idyles sont ce qu'elle a fait de plus estimable. On les lira toujours, quelques modifications que subissent nos mœurs; parce qu'elles offrent des images champêtres, une poésie douce et facile, le ton de la nature, des badinages ingénieux, une morale utile, le style du cœur et toutes les grâces de la naïveté; et que ces qualités plaisent aux hommes de tous les tems et de tous les pays. Son idylle des *moutons*, et principalement celle à *ses brebis* vivront autant que la langue française.

Deshoulieres, si ingénieuse dans la composition, ne l'était point lorsqu'il fallait apprécier les ouvrages d'autrui, à moins qu'on ne dise que la passion obscursissait alors son jugement, et comprimait la voix de la vérité. On devine que nous voulons parler de la partialité qu'elle montra en faveur de Pradon, contre Racine. Cette querelle ne fit pas honneur à son goût, et lui attira bien des désagrémens.

Deshoulieres eut une fille qui marcha sur ses traces, mais de loin, et qui fut comme elle de l'Académie d'Arles, et de celle des Ricovrati.

Diderot, Philosophe et Médecin, l'un des créateurs de l'Encyclopédie dont il a distribué le plan et les matieres, et rédigé ou revisé une multitude d'articles. Ses autres ouvrages philosophiques renferment des idées fortes, hardies et lumineuses; aussi doit-on le regarder comme un des hommes de ce siecle qui ont le plus contribué à l'affaiblissement des préjugés. Ce service rendu à la raison fera sans doute oublier son Roman des *bijoux indiscrets*, et sa correspodance avec la *Sémiramis* du nord; correspondance dans laquelle il apprend à l'immorale Catau, que lui, Montesquieu et le Président Desbrosses, allaient quelquefois au B. . . et là-dessus il entre dans des détails très-physiques que notre plume se refuse à écrire, mais que la Cat... de Pétersbourg lût sans doute avec une suave volupté; cela n'étonnera point de la part d'une femme dont la postérité dira ce que Salluste disait de Sempronie : *sæpius petebat viros quam petebatur*; d'une femme qui a étranglé son mari : etc. *car tous les vices sont freres*. Et il s'est trouvé parmi nous des Ecrivains stipendiés, qui ont lâchement élevé cette femme jusqu'aux nues !!!! Et des Philosophes même, séduits par quelques caresses épistolaires, ont fermé les yeux sur ses crimes, pour ne voir que sa grandeur apparente, grandeur qui a coûté tant de sang et tant de larmes!!! Et ils n'ont pas craint le jugement de la postérité!!!

Si, au lieu d'embrasser bêtement les intérêts de l'aristocratie; si au lieu d'expirer de rage en voyant triompher la cause du peuple, l'Académique Rhuliére s'était déterminé à publier enfin l'histoire qu'il avait composée de la révolution de 1762, et que la crainte d'une défaveur royale ne retenait plus dans son porte-feuille, nous aurions le tableau, dit-on, bien ressemblant d'un des plus grands crimes qui aient souillé le globe ; mais.... *mille bruits en courent à sa honte* ; et l'éveil que notre révolution vient de donner à toutes les aristocraties, n'est guere propre à tirer les manuscrits tant vantés, du tombeau où l'avait condamné la tendre commisération des *souverains* pour leur freres et cousins.

Dion, ardent Zélateur de la Liberté, quoique gendre d'un tyran, chassa de Syracuse le jeune Denis ; mais, après avoir bravé tant de fois et renversé enfin le despotisme, il ne put échapper à la trahison. Callipe qui se disait son ami, l'assassina lâchement, la troisieme année de la 106eme. olympiade. Ce grand homme avait puisé dans les leçons de Platon, une haine vigoureuse pour les tyrans, et cet amour de la philosophie qui prépare à celui de la Liberté, ou plutôt, qui en est inséparable.

DIOPHANTE, natif d'Alexandrie, passe pour l'inventeur de l'algébre; c'est du moins le premier écrivain de l'antiquité, dans les écrits duquel on trouve des traces de cette ingénieuse invention. Il ne nous reste que les six premiers livres de ses *questions arithmétiques*, qui étaient autrefois au nombre de 13. L'épitaphe de Diophante faite par un Poëte Grec, est un problême d'arithmétique. En voici une traduction latine par Meziriac.

Hic Diophantus habet tumulum qui tempora vitæ,
Illius mira denotat arte tibi.
Egit sextantem juvenis, lanugine malas,
Vestire hinc cœpit parte duodecima.
Septante uxori post hæc sociatur, et anno
Formosus quinto nascitur inde puer,
Semissem ætatis postquam attigit ille paternæ,
Infelix subità morte peremptus obit.
Quatuor æstates genitor lugere superstes,
Cogitur. hinc annos illius assequere.

Voici le sens de ces vers.

Diophante passa la sixieme partie de sa vie dans l'enfance, et la douzieme dans la jeunesse; il se maria, et ce ne fut qu'après avoir passé la septieme partie de son âge et cinq ans de plus avec son épouse, qu'il en eut un fils qui mourut après avoir atteint la moitié de l'âge de son pere. Il mourut quatre ans après. (*âgé de quatre-vingt quatre ans.*)

Diophante vivait vers l'an 370, de l'ere chré

tienne. Il était contemporain de la savante Hypacie, qui a commenté ses *questions arithmétiques*. (Traité élémentaire de mathématiques, par LEMOINE.)

DRACK, un des plus grands hommes de mer qu'ait produits l'Angleterre, s'éleva des derniers grades de la marine jusqu'à celui de Vice-Amiral. Après diverses expéditions, il partit en 1577, avec trois vaisseaux, fit en trois ans le tour du globe, enleva plusieurs places aux Espagnols sur les côtes d'Amérique, et un très-grand nombre de navires richement chargés. Il continua jusqu'en 1596, époque de sa mort, à remporter de grands avantages sur ce Peuple, auquel il prit successivement diverses places dans les Canaries, aux îles du Cap-Vert, et sur le continent du Nouveau Monde.

DUGUAY-TROUIN, un des plus habiles Marins que la France ait produits, fut l'honneur de sa patrie, et le fléau des ennemis. Dès l'âge de quinze ans, il combattit sur mer, et sa vie ne fut depuis qu'une suite de triomphes. En 1696, n'étant âgé que de vingt-trois ans, il battit avec des forces inégales trois vaisseaux de guerre Hollandais, qui escortaient une flotte marchande, enleva le vaisseau Commandant avec une partie de la flotte. En 1707, il attaqua de concert avec le célèbre Forbin, prit ou dispersa une flotte de soixante voiles Anglaises qui portait des secours à l'archiduc Charles en Espagne; et les Historiens remarquent que cet exploit fit autant de tort à la cause des alliés, que la victoire d'Almanza. Mais de toutes ses expéditions, la plus connue est la prise de Rio-Janeiro, la plus riche colonie du Bresil. En onze jours il fut maître de la place et des forts qui l'environnaient. La perte des Portugais fut de plus de vingt-cinq millions.

Sous la régence, il eut une place honorable dans le conseil de la compagnie des Indes. En 1731, on lui confia le commandement d'une escadre avec laquelle il fit rentrer les corsaires de Tunis dans le devoir, et régla les intérêts du commerce Français dans les Echelles du Levant. Il ne survécut pas long-tems à cette expédition; il mourut en 1736, âgé de 63 ans.

Duguay-Trouin s'était élevé par son seul mérite, jusqu'au grade de Lieutenant-général des armées navales; et les lettres de noblesse que lui accorda Louis XIV, n'ajouterent ni à sa réputation ni à ses services. Elles sont remarquables cependant, en ce qu'il y est dit, que Duguay-Trouin avait pris plus de trois cens navires marchands et vingt vaisseaux de guerre; et à cette époque, Duguay-Trouin n'avait encore que 34 ans.

Nous invitons ceux de nos lecteurs qui voudront connaître plus particulierement ce grand homme, à lire et à méditer l'éloge sublime qu'en a fait Thomas. C'est surtout à la veille d'une guerre maritime, qu'il faut exposer aux yeux des Francs, l'exemple d'un Marin qui a honoré sa profession autant par sa franchise et par son humanité, que par la grandeur de ses exploits.

Duguesclin, le plus grand Capitaine qu'eût produit l'Europe depuis Belizaire, et le seul guerrier peut-être qui ait montré des vertus dans un siecle de férocité. Il fit ses premieres armes dans la guerre civile de Bretagne, où il se montra aussi bon citoyen qu'habile Capitaine. Entré au service de France, il annonça par la victoire de Cocherel sur les Navarrois, les prospérités du regne de Charles V. Une troupe de gens de guerre connus sous le nom de Compagnies, désolaient alors le midi de la France. Duguesclin, par l'ascendant de son nom, les rendit utiles à la politique de Charles V, en même tems qu'il délivra les

Peuples de leurs brigandages ; il les emmena en Espagne, et par leur secours précipita du trône Pierre-le-Cruel, pour y placer Henri de Transtamare, allié des Français. Cependant un orage terrible menaçait la France. Soixante-dix mille Anglais venaient d'y débarquer, conduits par le génie d'Edouard. Charles V se hâta de rappeller Duguesclin, et de lui confier avec l'épée de Connétable, le salut du royaume. Duguesclin à la tête d'un petit corps de troupes, tantôt par des entreprises hardies, tantôt par une savante inaction, et toujours par les plus habiles manœuvres, vint à bout de dissiper en peu de mois ce formidable amas d'ennemis. Cette campagne à jamais mémorable, a depuis été renouvellée en Alsace par Turenne ; et en Flandre par Maurice de Saxe. Duguesclin couronna un si grand exploit en refusant de porter les armes contre les Bretons, ses compatriotes. Il mourut peu de mois après, en 1380, au siége de Château-neuf de Rendon, haï des courtisans et révéré du Peuple. La France perdit en lui tout à la fois *son épée* et son *bouclier* ; les gens de guerre, leur modele et leur ami ; les faibles, leur pere et leur protecteur ; et l'humanité un homme qui l'honorait.

Dumarsais, le premier peut-être qui ait porté dans la Grammaire le flambeau de l'esprit philosophique, fut assez peu apprécié des Français légers et frivoles de son tems ; parce que son mérite était plus solide que brillant, et qu'il portait dans le commerce ordinaire de la vie, une gaucherie et une insousciance qui nuisirent à sa fortune ; aussi Fontenelle disait-il de lui : « C'est le nigaud le plus » spirituel, et l'homme d'esprit le plus nigaud que je » connaisse ». Mais les Français d'aujourd'hui, éclairés par la raison et mûs par la reconnaissance, ont payé la dette de leurs peres ; et la gloire de Dumarsais semble s'accroître par le tems.

Il nous reste de ce Grammairien Philosophe, un excellent *Traité des Tropes*, une Logique, et plusieurs ouvrages relatifs à la langue latine (1). Il a fait aussi la plupart des articles de Grammaire qui sont dans l'Encyclopédie. Toutes ses productions sont marquées au coin de la netteté et de la justesse qui caractérisaient son esprit.

Dumarsais, né à Marseille, en 1676, mourut à Paris, en 1756.

Dumas, Fils naturel d'un *marquis* de Montcalm, fit oublier par ses talens *les défauts* de sa naissance. On lui doit l'invention du Bureau Typographique, qui a réduit en amusement l'art épineux de lire et d'écrire, et les premiers élémens de toutes les langues. Dumas était un vrai philosophe et pour l'esprit et pour le caractère. Il mourut en 1744, à 68 ans.

Dunois soutint, en 1426, le fameux siége d'Orléans contre les Anglais qu'il chassa depuis de la Normandie et enfin de la Guienne. Ses succès lui mériterent le titre de *Restaurateur de la Patrie*. Après la mort de Charles VII, il entra dans la ligue du bien public contre le tyran Louis XI; et il en fut l'ame par son courage et par son

---

Sa méthode pour apprendre la Langue Latine, est aujourd'hui regardée comme la meilleure. Nous connaissons un savant estimable (le Citoyen Adeline, Vicaire-Episcopal d'Angers,) qui a beaucoup médité sur cette méthode, et qui l'a même perfectionnée. Nous l'engageons à publier un travail qui peut être infiniment utile, dans un moment surtout, où l'on s'occupe de l'organisation de l'Instruction Publique; car nous ne croyons pas que les Francs régénérés renoncent à la langue de Cicéron, de Virgile et d'Horace.

rence. Il mourut bientôt après (1468) âgé de 65 ans, aussi regretté pour sa grandeur d'ame et sa bienfaisance, que pour ses talens militaires.

Dunois était bâtard de ce Louis d'Orléans qui fut assassiné, en 1407, par les Emissaires du Duc de Bourgogne.

Duquesne, célebre Marin, se distingua dès l'âge de 17 ans. En 1644, il passa au service de la Reine Christine, qui le fit Vice-Amiral. Dans un combat où les Danois furent défaits, il fut sur le point de faire leur Roi prisonnier. Rappellé en France, il remit Bordeaux sous l'obéissance de Louis XIV, malgré l'Escadre Espagnole.

Duquesne s'est principalement illustré dans les guerres de Sicile. Ce fut-là qu'il eût en tête le fameux Ruyter; et quoique inférieur en nombre de vaisseaux, il vainquit dans trois batailles livrées en 1676, les flottes réunies d'Espagne et de Hollande. Ses derniers exploits furent le bombardement successif de Tripoli, de Gênes et d'Alger; il mourut en 1688, âgé de 78 ans.

Le métier de la guerre ne lui avait point ôté la sensibilité. Dans ses différentes expéditions en Afrique, il donna la Liberté à un grand nombre d'esclaves Européens, sans exiger la moindre rançon. Une autre qualité de ce Marin, était la modestie. Il fit de grandes choses sans faste, et sut servir sa Patrie sans en ambitionner les honneurs.

Le Despote fanatique, Louis XIV, n'excepta que lui de la proscription lancée contre les Religionnaires, et cela en faveur de son âge et de ses services. Duquesne eut la *permission* de mêler ses cendres aux cendres de ses peres.

E.

Épaminondas, un des hommes les plus accomplis de l'antiquité. Talens militaires, vertu civiles, éloquence, philosophie ; de tous ces avantages réunis, se compose le moral d'Epaminondas.

Après avoir contribué à délivrer sa Patrie du joug des Lacédémoniens, il l'éleva à un point de splendeur qui étonna les Grecs, mais qui disparut avec lui. Il prouva le premier, que Sparte n'était point invincible ; et peu s'en fallut que l'homme le plus vertueux de la Grece, ne détruisit le célebre ouvrage du plus vertueux des Législateurs.

Epaminondas mourut en combattant pour sa Patrie, et dans un âge peu avancé ; mais laissant deux *Filles Immortelles*, les victoires de *Leuctres* et de *Mantinée*.

Epictète, natif de Phrygie, fut esclave d'Epaphrodite, qui lui-même l'avait été de Néron ; mais on peut dire que le philosophe parut libre dans la servitude, et son maître esclave, ou au moins digne de l'être. Epaphrodite lui ayant donné un grand coup sur la jambe, Epictète l'avertit froidement de ne la pas rompre. Le barbare redouble, de telle sorte qu'il lui cassa l'os. Alors le Sage lui dit sans s'émouvoir : *Ne vous l'avais-je pas dit que vous me la casseriez* ?

Epictete fut aimé et estimé d'Adrien et de Marc-Aurèle. Le premier qui avait été son disciple, publia quatre livres de discours, qu'il avait entendu prononcer à son maître. C'est ce code de morale sévere, que nous avons sous le nom d'*Enchiridion*, c'est-à-dire, *Manuel*.

Rousseau, le Poëte, a mal jugé Epictète dans une de ses Odes. Nous en faisons la remarque, afin que les Jeunes Francs qui liront la strophe où il est question de ce philosophe, ne la regardent que comme un délire poétique.

Eponine, Epouse de Julius-Sabinus, Seigneur Gaulois, a prouvé que les femmes peuvent s'élever jusqu'à l'héroïsme le plus sublime, et que, si la plupart méritent notre amour, il en est qui sont dignes de notre admiration.

Éponine couronnait toutes ses vertus par un tendre attachement pour son mari, qui de son coté l'adorait. Jamais union ne fut plus parfaite ; et dans le sein de l'abondance, ils jouissaient de toutes les délices d'une Société qui fait la suprême félicité des hommes, lorsqu'ils peuvent y conserver de la tendresse.

Les révolutions qui agiterent l'empire Romain, après la mort de Néron, vinrent troubler ce bonheur. Sabinus crut que l'occasion était favorable pour rendre les Gaulois à la Liberté ; mais ses efforts furent trompés par la fortune. Il fut battu et obligé de se renfermer dans un souterrein, après avoir fait mettre le feu à sa maison. La nouvelle de sa mort s'étant répandue, la douleur de sa femme Eponine servit à la confirmer. Mais, lorsque Sabinus apprit par un de ses affranchis, que cette tendre Epouse avoit dé à passé trois jours et trois nuits sans prendre de nourriture, il lui fit savoir le lieu de sa retraite. Elle y vint, resta neuf ans avec lui et mit au monde deux fils jumeaux. Lassés enfin de l'horreur des ténebres, après qu'Eponine eût fait differens voyages à Rome sans être reconnue, ils se rendirent ensemble dans cette capitale de l'Empire, dans l'espérance d'y solliciter leur grace ; mais ils furent reconnus. En vain Eponine excita la commisération de Vespasien en se jettant à ses pieds et lui présentant ses deux enfans nés dans le souterrein. Cet Empereur la fit mourir avec Sabinus, et ne craignit point de ternir ainsi la gloire de son regne.

Chabanon a placé sur la scène l'intéressante Eponine ; mais, pour traiter dignement un pareil sujet ; il fallait un Racine ; et Chabanon ne l'était point.

Eschine, Orateur Athénien, et rival malheureux

de Démosthene, sembla n'avoir reçu de la nature le don de l'éloquence, que pour mieux faire ressortir les grands talens de son émule. Leur rivalité éclata surtout à l'occasion du décret de Ctésiphon, qui voulait faire décerner une couronne à Démosthene, en reconnaissance des services qu'il avait rendus à la République. Les discours qu'ils prononcerent en cette occasion, sont des chef-d'œuvres, au jugement de l'antiquité; mais Eschine succomba, et se retira à Rhodes.

Nous ne devons point passer sous silence un trait qui honore également ces deux Orateurs, et qui prouve que les anciens, plus généreux que les modernes, étaient souvent rivaux sans être ennemis. Au moment où Eschine sortait d'Athenes, Démosthène la bourse à la main, courut aprés lui et l'obligea d'accepter de l'argent. Eschine sensible à ce procédé, prononça ces belles paroles : *Comment ne regretterais-je pas une Patrie où je laisse un ennemi si généreux, que je désespère de rencontrer ailleurs des amis qui lui ressemblent ?*

Eschine, retiré à Rhodes, y ouvrit une École d'Eloquence. On rapporte qu'un jour lisant à ses Auditeurs les deux Harangues qui avaient causé son exil, après qu'on eût donné de grands éloges à la sienne, voyant que celle de Démosthène excitait un enthousiasme universel; il eut la générosité de dire aux Assistans : *et que serait-ce donc, si vous l'aviez entendu lui-même ?*

Cet Orateur mourut à Samos, à 75 ans. Les Grecs avaient donné les noms des Grâces à trois de ses Harangues. Ce sont les seules qui nous restent.

Eschine est plus abondant, plus orné et plus fleuri que Démosthène; mais il s'en faut bien qu'il ait le nerf et la force de son rival.

Eschisne devait plaire à ses Auditeurs; et Démosthène, les émouvoir, les terrasser. Voilà les caractères distinctifs de leur Eloquence.

ETIENNE. Deux célèbres Imprimeurs du seizieme siecle, Robert et Henry ont dévoué ce nom à la reconnaissance publique. « La France, dit l'his-» torien Dethou, doit plus à Robert Etienne, » pour avoir perfectionné l'Imprimerie, qu'au plus » grand Capitaine, pour avoir étendu ses fron-» tieres ». Cet éloge donne la mesure des talens de Robert. La beauté et la correction de ses éditions, son Trésor de la Langue Latine, justifient l'enthousiasme du judicieux Dethou.

Le pere avait ouvert les Trésors de la Langue Latine; le fils ouvrit ceux de la Grecque.

Une satyre qu'il publia contre les Moines, le fit condamer a être brûlé en effigie, et l'obligea de se réfugier à Genève où son pere avait fini ses jours.

. . . . . Quel crime abominable !
Rien que le feu n'était capable
D'expier un si noir forfait.

N'oublions pas, pour l'édification des ames pieuses, que les Moines et les Prêtres ont plus fait périr de malheureux dans leurs guerres sacrées, dans les cachots, ou sur les bûchers de l'inquisition, que n'en ont emporté les longues et sanglantes guerres des Romains, depuis Romulus jusqu'à Auguste. N'oublions pas, et toujours pour l'instruction des ames pieuses, que, dans le siecle des Etiennes, un Cardinal de Lorraine proposa l'établissement de l'inquisition; et qu'un autre *empourpré*, du nom de Birague, après avoir conseillé à Charles IX de faire empoisonner les Protestans par les cuisiniers, fut un des principaux auteurs du massacre de la Saint-Barthélemi. N'oublions pas etc. etc. etc., mais le tems nous presse, et les crimes des calotins sont inombrables.

Henry Etienne mourut à Lyon en 1598, à 70

ans. Outre les ouvrages dont nous avons parlé, et quelques autres moins importans, ce savant Imprimeur mit en lumiere et corrigea avec beaucoup de soin, un grand nombre d'Auteurs grecs et latins.

EUCLIDE, célébre Mathématicien d'Alexandrie, a laissé des Elémens de Géométrie en 15 livres. C'est l'ouvrage le plus important que l'antiquité nous ait transmis sur cette matiere; et il a été jusqu'au milieu du siecle dernier, le seul livre où les modernes ont étudié les Mathématiques.

Euclide était doux et modeste, et très-empressé de communiquer son savoir à ceux qui le désiraient. On rapporte de lui une réponse qui peint la Liberté de son ame. Ptolomée Philadelphe voulut recevoir ses leçons; mais rebuté par les premieres difficultés, il demanda s'il n'y avait point de voie plus aisée pour apprendre la Géométrie. *Non*, répondit Euclide, *il n'y en a point de particuliere pour les Rois.*

EUDOXIE, la seule femme peut-être que les talens réunis à la beauté, ayent portée sur le trône, était fille d'un philosophe Athénien, qui l'ayant instruite avec le plus grand soin, la deshérita, persuadé que ses talens et sa beauté lui tiendraient lieu de biens. Il ne se trompa point. Eudoxie, après la mort de son pere, s'étant rendue à Constantinople pour répéter les droits qui lui étaient contestés par ses freres, Pulchérie fut si charmée de son esprit et de sa beauté, qu'elle la fit épouser à son frere Théodose le Jeune. Convenons que les princes de notre tems seraient bien moins philosophes que ceux de cinquieme Siecle; et que les petits despotes Germains aux soixante-douze quartiers, se croiraient bien mesalliés, s'ils épousaient la fille d'un Franklin ou d'un Payne, quelque beauté et quelque esprit qu'elle eut d'ailleurs.

Eudoxie élevée au plus haut rang, s'en montra digne par sa philosophie et par sa générosité. Ses freres ayant appris sa fortune, s'étaient cachés pour échapper à son ressentiment; mais Euxodie ne se vengea de leur injustice qu'en les rapprochant d'elle par les premieres dignités de l'empire. Elle fut la protectrice des savans, et les fit asseoir près du trône. La calomnie s'en servit, pour la perdre dans l'esprit de son époux qui la dépouilla du titre d'Auguste. Cette princesse aussi illustre qu'infortunée, se retira dans la Palestine où elle mourut vers l'an 490, après avoir juré qu'elle était innocente des crimes dont son époux l'avait soupçonnée.

Eudoxie avait composé plusieurs ouvrages qui ne sont point parvenus jusqu'à nous.

Euler, célébre Mathématicien, né à Bâle, Patrie des Bernouilli, et mort à Petersbourg, il y a quelques années, inventa le Calcul des Sinus, perfectionna le Calcul Intégral, et simplifia les opérations analytiques; on a de lui un grand nombre d'ouvrages, où il paraît à la fois original, profond, clair et élégant.

Considéré comme homme, Euler fut bon époux, pere tendre, ami sensible et fidelle à tous les devoirs de la Société.

Euménes, le seul des Généraux d'Alexandre, qui ait réuni des vertus aux talens militaires; le seul par conséquent, qui mérite les regards de la postérité.

Long-tems vainqueur de ses ennemis, mais toujours persécuté par l'ambitieux Antigone, qui redoutait l'ascendant de ses vertus, il succomba enfin sous la plus noire trahison. Après la prise de Nora, où il avait soutenu un siége glorieux, il fut mis à mort par ordre de ce même Antigone qui s'était dit autrefois son meilleur ami. Et puis, on compte sur l'amitié des tyrans ! ou plutôt les tyrans ont-ils des amis ?

Nous n'entrerons point dans le détail des exploits guerriers d'Eumenes ; mais nous rapporterons un trait qui honore sa sensibilité, et qui vaut lui seul plusieurs victoires.

Cratere, ayant été tué dans un combat, Eumenes, vainqueur, pleura le vaincu, son ancien ami, qui fit rendre les derniers devoirs et fit porter ses cendres à sa famille qui était en Macédoine.

Euripide, le Racine des Grecs, serait égal en tout au Poëte Français, s'il avait eu autant de goût que lui. De 75 tragédies qu'il avait composées, il ne nous en reste que 19, dont les principales sont, les *Phéniciennes*, *Médée*, *Andromaque*, *Oreste*, *Iphigenie en Aulide*, *Iphigenie en Tauride*, *les Troades*, *Electre*, *Hercule*, *Hyppolite*.

Racine doit à ce Poëte plusieurs de ses sujets, et une partie de ses beautés.

Euripide trop sensible aux plaisanteries dont l'accablaient les Poëtes-Comiques d'Athènes, se retira en Macédoine, où il fut, dit-on, dévoré par des chiens, la deuxieme année de la 93 olimpiade.

Dans la guerre contre Syracuse, un grand nombre de prisonniers Athéniens durent leur conservation aux vers d'Euripide qu'ils récitaient à leurs vainqueurs. Cette Anecdote prouve assez quel est l'ascendant de la poësie, et quel usage en peut faire une Législation éclairée, pour l'instruction et pour le bonheur des hommes.

F.

Fabert, quoique Roturier, s'éleva jusqu'au grade de Maréchal de France. On avait encore de son tems, la simplicité de croire qu'on pouvait avoir de grands talens militaires sans être noble ; et il faut remarquer que l'Edit Royal qui exclut les roturiers des emplois de la guerre, parut, après la paix de 1783, sous le Ministère de Ségur.

C'est ainsi que, dans le siecle de la philosophie et à la veille de la Révolution, la cour de Versailles respectait assez peu 25 millions de Français, pour leur faire le plus grand des outrages... Mais, non, l'Edit de Ségur honorait la Nation roturière, et servait ses intérêts ; il élevait entre la Noblesse et le Peuple une barrière inexpugnable. Disons mieux ; il préparait le 20 Juin 1789, le 14 Juillet et le 6 Octobre de la même année, le 19 Juin 1790, et le 10 Août 1792.

Les Francs oublieront peut-être les exploits guerriers de Fabert ; mais son désintéressement, mais son humanité seront toujours présens à leur mémoire.

L'armée de Brunswick-Gallas, Général de l'Empereur, s'étant bêtement enferrée dans la Champagne, manqua bientôt de vivres. Obligés de se retirer, les Clairfait, les Kalkhreut et les Broglie de ces tems-là, tuerent dans leur retraite tous ceux qui leur en refuserent. Fabert-Bournonville, qui les poursuivait, entra dans un camp abandonné, et couvert d'officiers et de soldats Autrichiens, blessés et mourans. Un Français indigne de ce nom, dit tout haut qu'il fallait achever ces malheureux qui, dans la retraite de Mayence, avaient massacré les soldats Français. « Voilà le conseil d'un barbare, » reprit Fabert ; cherchons une vengeance plus » noble et plus digne de notre Nation ». Aussitôt il fit distribuer aux malades le peu de provisions que son détachement avait apportées. On les transporta ensuite à Mezieres, où, après quelques jours de soin, la plupart recouvrerent la santé ? Quel fut le prix d'une conduite si généreuse ? Soldats de la Liberté, recevez ici une grande leçon. Ces étrangers s'attacherent presque tous au service d'une Nation, qui, contre leur espérance, les avait traités avec tant de générosité.

Fabert mourut en 1663, âgé de 63 ans.

Fabius, surnommé le *Bouclier* de Rome.

. . . . . . Tu maximus ille es,
Unus qui nobis cunctando restituis rem.

Nommé Dictateur, pour s'opposer aux progrès d'Annibal, il se contenta de harceler et de fatiguer ce redoutable ennemi par des marches, des contre-marches et des escarmouches, sans en venir *jamais* à une bataille rangée. Ni les clameurs du soldat impatient de combattre, ni les railleries de ses envieux, ni la vue des campagnes d'Italie incendiées par les Carthaginois, rien ne put l'obliger de se départir des sages mesures sur lesquelles il fondait le salut de sa Patrie ; et lorsque Minucius eût été puni de son imprudence par la défaite du corps d'armée qu'il commandait, Fabius, aussi grand Citoyen qu'habile Général, vint généreusement au secours de son calomniateur.

La reprise de Tarente fut le dernier exploit militaire de Fabius. Il mourut peu d'années après, presque centenaire, emportant au tombeau la vénération des Romains, l'estime même d'Annibal, et la satisfaction de voir sa Patrie hors de danger.

Fabricius, Consul et Censeur Romain, mérita les honneurs du triomphe par ses victoires, et l'estime de ses Contemporains par son désintéressement. Député vers Pyrrhus, il refusa les présens de ce Prince, comme il avait refusé l'or des Samnites.

Ce Roi eut bientôt un nouveau sujet d'admiration. Son Médecin vint offrir à Fabricius, alors Consul, d'empoisonner Pyrrhus, pourvu qu'on lui donnât une récompense proportionnée à ce service. Mais le généreux Romain avertit le Roi de la trahison de son Médecin, et le lui renvoya pour le punir comme il le méritait.

Fabricius vécut et mourut pauvre.

. . . . . parvoque patentem
Fabricium. *Virg.*

Et le Sénat fut obligé de marier sa Fille aux dépens du public.

FÉNÉLON. Si la vertu, se dépouillant de son existence métaphysique, pouvait se figurer aux yeux, elle emprunterait les traits de Fénélon ; et, pour se faire écouter des hommes, elle parlerait la langue de *Télèmaque*, de cet ouvrage immortel que les tems modernes semblent avoir dérobé à l'antiquité.

Notre âge retrouve un Homere
Dans ce Pöëme salutaire,
Par la vertu même inventé.
Les Nymphes de la double cime,
Ne l'affranchirent de la rime,
Qu'en faveur de la vérité.

(LAMOTTE.)

Ce Despote que la plus lâche servitude a surnommé *le Grand*, crut voir dans *Télémaque*, la critique de son administration ; et Fénélon fut disgracié, c'est-à-dire, condamné à résider dans son diocèse ; car la résidence était, naguere, pour un Evêque-Papiste, le plus rigoureux des tourmens.

Si l'on en croit une Anecdote peu connue, Fénélon dut moins sa disgrace au *Télémaque* et aux affaires du Quiétisme, qu'à une cause bien extraordinaire.

Louis XIV avait l'insultante prétention d'éblouir par l'éclat de sa majesté personnelle, tous les yeux qui se fixaient sur lui ; et l'on pense bien que les courtisans, instruits de la maladie de leur *maître*, affectaient, en le regardant, une surprise qu'ils n'éprouvaient pas toujours. Fénélon seul, dont la philosophie savait apprécier la véritable grandeur, Fénélon, contemplait la personne du despote, sans qu'il parut dans ses regards et dans son attitude, cet embarras qui annonce le respect ou l'admiration. Louis XIV, dit-on, ne lui pardonna jamais ce crime de *lèze-majesté*.

Fénélon condamné par la cour, fut absous par l'opinion publique, et il n'en devint que plus cher à ceux des Français et des Etrangers qui savaient apprécier le véritable mérite. Pendant la guerre de la Succession, Eugene et Malborough lui donnerent des preuves de la plus haute estime, jusqu'à respecter les terres de l'archevêché de Cambrai; ce qui déplut fort au Despote de Versailles.

On croit que, si le Duc de Bourgogne fut monté sur le trône, Fénélon serait devenu premier Ministre; et alors on eût vu se réaliser ce qu'avait dit Platon : *que les Peuples ne seraient heureux, que lorsqu'ils auraient des Philosophes pour Rois.*

Fénélon mourut en 1715, la même année que Louis XIV; ayant survécu près de quatre ans à son Eleve.

Filangieri, fameux publiciste, et le premier peut-être qui ait fait entendre en Italie le langage de la philosophie, naquit à Naples, en 1752. Enflammé de l'amour des sciences, il abandonna dès l'âge de dix-sept ans le service militaire, pour se livrer tout entier aux lettres et à la philosophie. Les idées politiques et morales fixerent principalement son attention. Dès l'âge de dix-neuf ans, il donna quelques essais de ses méditations; savoir, un plan sur *l'Education publique et privée*, et quelque tems après, un traité de la *Morale des princes, fondée sur la nature et l'ordre social.* Ces premiers ouvrages qui ne furent point mis au jour, annonçaient le grand ouvrage de la *science de la Législation*. Filangieri en publia les deux premiers volumes, n'étant âgé que de vingt-huit ans. Il l'a divisé en sept livres. Dans le premier, il se propose d'exposer les regles générales de la science législative ; dans le second, de raisonner des loix politiques et économiques ; dans le troisieme, de traiter des loix criminelles ; dans le quatrieme, de développer cette partie de la Législation qui regarde l'éducation et les coutumes ; dans le cinquieme, de parler des loix qui regardent la religion ; dans le sixieme, de celles qui regardent la propriété ; enfin dans le dernier, de celles qui appartiennent au pouvoir paternel et au bon ordre des familles. Il est inutile de dire quelle profondeur de savoir, et quelle force d'esprit demandait ce grand ouvrage. Mais il est bon d'observer, qu'il était condamné à Rome par la Congrégation de l'*Index*, pendant que le roi de Naples accumulait les honneurs et les Cordons sur son Auteur. *Encore un peu de tems et Ninive sera détruite, et l'Index* sera coupé. En 1787, Filangieri fut nommé par le Roi, Conseiller du Conseil suprême des finances. Cette élection fut une vraie fête publique ; il est si rare que les amis de l'humanité se trouvent en situation de pouvoir faire du bien ; mais malheureusement elle ne dura guere, et les larmes succéderent trop tôt à la joie. Filangieri mourut le 25 Juillet 1788, n'étant âgé que de trente-six ans.

S'il avait vécu assez pour être témoin de notre Révolution, il aurait profité des nouvelles idées qu'elle a fait éclore, et donné à quelques-uns de ses principes, plus d'énergie et de développement.

FLAMININUS, après s'être distingué dans la deuxieme guerre punique, fut élevé au Consulat, n'ayant pas encore trente ans. Nommé Général des troupes Romaines contre Philippe, Roi de Macédoine, il battit ce prince à Cynoscephales, soumit l'Epire, la Thessalie, la Phocide et la Locride. Mais le plus beau jour de sa vie, comme le plus cher à son cœur, fut celui où il fit publier aux jeux Néméens par un crieur public, que les Grecs étaient rendus à la Liberté. Jamais Capitaine n'a joui d'une gloire plus éclatante et plus pure.

Flamininus s'était proposé le grand Scipion pour modele ; et comme lui, il avait toutes les vertus civiles et militaires.

FOLLARD, surnommé le Végéce Français, sentit son ardeur militaire se développer et s'accroître à la lecture des Commentaires de César. Il se signala dans les guerres de 1688 et de la Succession. Blessé dangereusement à la bataille de Cassano en 1705, il réfléchit au milieu des douleurs cuisantes que lui causaient trois coups de feu, sur la disposition de cette bataille, et forma dès-lors son systême des Colonnes. Fait prisonnier à Malplaquet, il refusa les offres séduisantes que lui fit Eugene, pour l'attacher au service de l'Empereur. Remarquons ici en passant, que les Français ont eu dans tous les tems une aversion profondément sentie pour l'exécrable maison d'Autriche, et qu'il ne fallait pas moins que la volonté sanguinaire d'un despote, pour nous asservir momentanément au joug des Marie-Thérese et des Joseph II.

En 1718, Follard se rendit en Suede où il fit goûter à Charles XII ses nouvelles idées sur la guerre ; et ce Roi de roman se proposait de l'employer dans une descente en Ecosse, lorsqu'il fut tué au siege de Frédérishall, en Norwège. De retour en France, Follard approfondit l'art militaire, et consigna ses découvertes dans les commentaires sur Polybe. Il mourut à Avignon, sa Patrie, en 1751, âgé de 82 ans.

Il eut la faiblesse d'adopter les rêveries des Convulsionnaires ; ce qui le perdit auprès de *Fleuri le fanatique* ; et l'empêcha de s'élever aux premiers grades militaires que méritaient sa valeur, ses talens et ses services.

Fontenelle a vu trois générations en littérature ; la premiere, luttant avec peine contre le mauvais goût, et cherchant la véritable route ; la seconde, marchant avec succès dans la carierre du génie; et la troisieme portant le compas de l'analyse sur les productions des deux autres. Les ouvrages de Fontenelle se ressentent du caractere de ces trois époques. Ses pieces Dramatiques n'ont eu qu'un succès éphemere. Ses Eglogues quoique vantées par son panégyriste, ne souffriront jamais le parallele, nous ne disons pas, avec les Bucoliques de Virgile ou avec les Idylles de Théocrite, mais même avec les Eglogues de Ségrais et de Deshoulieres ; cependant Fontenelle vivra dans la mémoire des hommes, pour avoir su mettre le premier, à la portée des esprits les plus bornés, ces sciences abstraites et difficiles, qui avant lui, étaient le domaine exclusif des Savans. *Sa pluralité des mondes*, quoique fondée sur le systême ruiné des tourbillons, se fait lire encore avec plaisir ; et ses *éloges des accadémiciens* seront toujours regardés comme un des plus beaux monumens du siecle qui les a produits. Les gens de goût n'y ont condamné qu'un peu d'afféterie et de ce jargon de Ruelle, que Fontenelle avait pris dans la société des femmes; ce qui faisait dire de lui à Rousseau.

En vérité, Caillettes ont raison,
C'est le pédant le plus joli du monde.

Fontenelle mourut à cent ans, environné d'une grande réputation ; car depuis l'extinction des sublimes Génies du siecle de Louis XIV, lui seul avait plus occupé la renommée, que tous les écrivains de son tems.

Il eut beaucoup d'admirateurs et peu de critiques ; ce qui semblerait prouver qu'il n'eut point un génie vraiment original. Mais il dut une grande partie la tranquillité dont il jouit, à son caractere qui le portait à la modération, ou plutôt à une sorte d'insensibilité; et qui ne lui permit jamais de repousser une satyre par une autre.

Avant de mourir, il vit paraître *le Contrat Social, l'esprit des loix, et l'Encyclopedie*, productions qui l'auraient fort étonné, 60 ans auparavant. Et lui qui, dans sa jeunesse, avait admiré, peut-être comme tous les français de son siecle, les prologues adulateurs de Moliere, de Quinault et de Racine, applaudit aux succès de *Brutus* et aux acclamations dont le saint nom de *Liberté* était déjà accompagné.

Fontenelle mourut en 1757. Il était neveu, par sa mere, de Pierre et de Thomas Corneille.

FRANCKLIN.

Eripuit cœlo fulmen, sceptrumque Tyrannis.

Ravit la foudre au Ciel et le sceptre aux tyrans.

Ses découvertes dans l'électricité, la part très-active qu'il a eu à l'indépendance de l'Amérique, et son amour éclairé pour la Liberté; voilà les titres de sa gloire. Ses Contemporains les ont unanimement reconnus, et la postérité joindra ses acclamations aux hommages de l'âge présent.

La mort de Francklin a été regardée en France et en Amérique, comme une perte pour l'humanité; et par un accord qui honore deux Peuples nouvellement nés à la Liberté, on a vu leurs Représentans, foulant aux pieds l'avilissant préjugé de la naissance, prendre le deuil d'un homme qui n'avait eu *que des talens et des vertus.*

« Francklin est mort, s'écrie Mirabeau, dans » l'Assemblée Constituante; Francklin est mort, » cet homme qui affranchit l'Amérique, et versa » sur l'Europe des torrens de lumieres ».

« Le sage que deux Mondes réclament, et que

» se disputent l'histoire des Sciences, et l'hitoire » des Empires, tenait sans doute un rang bien » élevé dans l'espèce humaine ».

« Assez long-tems les cabinets politiques ont no- » tifié la mort de ceux qui ne furent grands que » dans leur éloge funèbre; assez long-tems l'éti- » quette des cours a proclamé des deuils hypo- » crites; les Nations ne doivent porter que le deuil » de leurs bienfaiteurs; les Représentans des Na- » tions ne doivent recommander à leurs hommages, » que les Héros de l'humanité ».

« Le *Congrès* a ordonné dans les quatorze États » de la confédération, un deuil de deux mois pour » la mort de Francklin; et l'Amérique acquitte en » ce moment ce tribut de vénération et de recon- » naissance pour l'un des Peres de la Constitution ».

» Ne serait-il pas digne de vous, Messieurs, de » vous unir à l'Amérique dans cet acte religieux, de » participer à cet hommage rendu à la face de l'uni- » vers, et aux Droits de l'Homme, et au Philo- » sophe qui a le plus contribué à en propager la » conquête. L'Antiquité eût dressé des autels au » puissant Génie qui, embrassant dans sa pensée le » ciel et la terre, sut dompter la foudre et les ty- » rans. L'Europe éclairée et libre doit du moins un » témoignage de souvenir et de regret à l'un » des plus grands-hommes qui ayent jamais servi » la Philosophie et la Liberté ».

Francklin est mort à Philadelphie, au mois d'Avril 1790, âgé de plus de 80 ans.

Furst, Suisse du Canton d'Uri, et l'un des Fondateurs de la Liberté Helvétique, s'étant joint à plusieurs de ses compatriotes, s'empara de toutes les citadelles bâties pour contenir le pays dans l'obéissance. Leur démolition fut le signal de la Liberté.

Ainsi, lorsque les Francs ont voulu être libres, la Bastille s'est écroulée sous leurs mains victorieuses.

Ainsi, lorsque l'aristocratie expirante a cherché à se ranimer dans le midi de la France, on a vu les enfans de la fiere Marseille, démolir ces forts qui lui retraçaient la vengeance hautaine d'un despote.

G.

Galilée, un des plus illustres Martyrs de la philosophie, fut cité deux fois au sanguinaire tribunal de l'inquisition, et forcé à soixante-dix ans, d'abjurer à genoux le système de Copernic sur le mouvement de la terre, *comme absurde en philosophie et erroné dans la foi.* On rapporte qu'au moment qu'il se releva, tourmenté du remord d'avoir fait un faux serment, les yeux baissés vers la terre, il dit en la frappant du pied; *cependant elle se meut.* (*E pur si move*).

Mais oublions pour quelques instans la stupide malice des Calotins; et parlons des services que Galilée a rendu aux sciences.

On le regarde comme un des peres de la bonne Physique; et ses expériences sur le Vide, justifient cette dénomination. La Méchanique lui doit beaucoup pour la théorie de l'accélération; et la Géographie, pour les observations Astronomiques auxquelles il se livra toute sa vie, observations qui causerent la cécité dont il fut affligé trois ans avant sa mort. Aidé du Télescope dont il ne dût l'invention qu'à son génie, il vit le premier le Croissant de l'Astre de Vénus, les quatre Satellites de Jupiter, ainsi que les tâches du Soleil et de la Lune.

Galilée, condamné d'abord par un décret de sept *empourprés*, à une prison perpétuelle, vit modifier cette peine, par ceux-là même qui l'avaient prononcée. Les Inquisiteurs eurent quelque honte de leur barbarie; ils donnerent pour prison à Galilée la ville d'Arcétri et son territoire. Cependant il mourut à Florence, en 1642, dans la 78ieme année de son âge.

Garrick, célèbre Acteur Anglais, mort en 1779, à l'âge de 61 ans, excellait également dans le tragique et dans le comique. Néanmoins il réussissait principalement à décomposer sa figure, et à copier les caracteres les plus singuliers et les personnages les plus ridicules. Comme Esope, il s'enrichit au théâtre, et laissa près de quatre millions à sa famille.

Il ne faut point oublier, pour la gloire des arts, que le corps de Garrick, fut transporté avec la plus grande pompe a Westminster, où il fut déposé au pied du monument élevé à la mémoire de Shakespear; et que le poile fut porté par quatre des plus grands Seigneurs de l'Angleterre. Cet honneur rendu a un Comédien est d'autant plus remarquable, qu'un siecle auparavant, un Muphti Papiste, eut l'audace de refuser pour l'inimitable Moliere, le simple bienfait de l'inhumination. Il est vrai que Garrick était Anglais; et que l'Auteur du *Misanthrope*, vivait sous le double despotisme du trône et de l'autel.

Germanicus.

Digne de plus de vie et de plus de fortune.....
Présent rare et précieux
Que l'avare mains des Dieux
Ne fit que montrer à la terre........
A quel point de gloire et d'honneur
Ne t'eussent point porté les destinées.
Si Mars jaloux de ta valeur,
A la fleur de tes ans ne les eût terminées?

(Chaulieu.)

Germanicus refusant l'empire que les Soldats lui offraient, et ramenant au devoir une armée mutinée; Germanicus, vainqueur des Allemands et des Arméniens; Germanicus, chéri des Romains et des Etrangers ; Germanicus, fidelle époux, ami sensible, excellent Citoyen ; un tel homme formait par ses vertus un contraste trop frappant avec le farouche et immoral Tibère, pour qu'il achevât tranquillement le cours de ses destinées.

Le traître Pison, digne ministre de son *maître*, empoisonna ce jeune prince sur lequel reposaient toutes les espérances des Romains.

Germanicus n'était âgé que de 34 ans.

Gesner, le Théocrite de l'Allemagne, a ouvert pour cette contrée de l'Europe, le siecle de la poësie ; en même tems qu'il a étendu le domaine de l'Idylle. Avant lui, ce genre de poësie se bornait à célébrer l'amour ou les charmes de la campagne. Gesner par une heureuse innovation, lui a fait exprimer l'amour conjugal, l'amour filial, l'amour de la Patrie, la reconnaissance ; en un mot, tous les sentimens de la nature; et par-là, il a donné à ses images une intéressante variété.

Gesner est mort en 1788, n'ayant pas encore soixante ans. Il réunissait aux talens littéraires, toutes les vertus civiles et sociales ; et l'on peut dire qu'il s'est peint dans ses divers ouvrages.

Gioia, natif d'Amalfi, dans le royaume de Naples, inventa la Boussole, vers l'an 1302. C'est tout ce que nous savons d'un homme qui a préparé les plus étonnantes révolutions.

Tandis que ces massacreurs, connus sous le nom de *Conquérans*, et ces mangeurs d'hommes, appellés *Rois*, ont souillé toutes les histoires des plus petits détails de leur scandaleuse existence, un des plus grands bienfaiteurs de l'humanité, à été oublié dans son siecle; et la postérité connaît à peine son nom. O fortune ! ! !

Girardon mort à Paris, en 1715. Louis XIV,

charmé de ses talens, l'envoya à Rome pour qu'il les perfectionnât, et lui accorda une pension de mille écus ; il y puisa cette correction de dessein, ce goût vrai, ce sentiment de la nature qu'on remarque dans tous ses ouvrages ; c'est à son ciseau, que la Sorbone doit le superbe monument qui fut élevé dans son Eglise à la mémoire de l'orgueilleux et cruel Richelieu.

Gluck, l'Auteur d'une grande révolution sur le théâtre lyrique. Sa musique mâle et expressive a fait croire aux prodiges que l'on rapporte de l'harmonie ancienne ; et son opéra d'Iphigénie en Tauride, principalement, a détruit le préjugé qui faisait regarder notre langue comme inhabile à recevoir une Musique fiere et vigoureuse.

Gluck né en Saxe, est mort à Vienne en 1788, âgé de 74 ans.

Gobelin, célebre Teinturier de Paris, vivait sous François Premier. Il trouva le secret de teindre la belle écarlate qui porte son nom. Il demeurait au fauxbourg Saint-Marceau, où sa maison et la petite riviere qui passe auprès, portent encore le nom de Gobelin.

Gracchus. Vainement l'aristocratie de tous les siecles et de tous les pays, a lancé contre les deux fils de Cornélie, l'Ostracisme de leur indignation ; vainement, des écrivains mercenaires les ont signalés comme des factieux ; le Peuple Franc, instruit par la Liberté, les a rangés dans la classe peu nombreuse des vrais défenseurs du peuple ; et à mesure que les Nations briseront les chaînes qui les tiennent prosternées aux pieds des tyrans politiques et religieux, les Gracchus occuperont dans leur estime, la même place que les Brutus et les Catons.

Jamais freres n'ont été rapprochés par une plus grande conformité de destinées, d'opinions, et même de talens, que Tibérius et Caïus-Gracchus. Tous deux, possédant au suprême degré cette éloquence qui entraîne et qui subjugue; tous deux, aussi habiles qu'intrépides guerriers, tous deux soutiens infatigables des droits du peuple; ils ont subi le même sort, et tous deux à la fleur de leur âge : ils ont succombé sous les coups assassins de l'aristocratie.

Et quel fut le crime de ces deux amis de la Liberté ? hommes libres, écoutez et méditez : ils demanderent qu'en exécution de la Loi Agraire, quiconque posséderait plus de 200 arpens de terre, fut dépouillé de l'excédent : que ces terres fussent réparties entre les pauvres citoyens; et qu'il fut interdit aux propriétaires, de se servir d'esclaves pour les cultiver. Ils firent plus: Attale, roi de Pergame, avait nommé le peuple Romain son héritier. Tibérius se saisit de ses trésors au nom du public, et les distribua à ceux des citoyens qui ne pouvaient pas avoir part à la distribution des terres. Ce dernier acte de *justice*, souleva contre lui les Sénateurs et leurs cliens; et cet illustre martyr de la Liberté, fut massacré au milieu même de ses partisans, l'an 612 de Rome. Douze ans après, son frere Caïus eut le même sort.

C'est ainsi que l'aristocratie se venge de ses ennemis. Elle fait au peuple un crime de l'insurrection; sans cesse elle invoque les loix en sa faveur; et l'Histoire fait foi, que les vengeances des nobles, toujours sanglantes et atroces, n'ont été autorisées par aucune loi préexistante. Les Gracchus sont un exemple frapppant de cette vérité. Un demi-siecle après, on vit le barbare Sylla, ce digne champion de la noblesse, et l'inventeur des proscriptions, se baigner avec volupté dans des flots de sang, dont aucune *loi* demandait l'effusion. Et voilà, (nous ne saurions trop le répéter) voilà les vengeances de l'aristocratie. Voilà, généreux Francs, le sort qui vous est réservé, si la cause de vos ennemis triomphe ; des proscriptions, des échafauds, des assassinats de sang froid ect., il ne faut pas moins qu'une telle réparation aux Manes de Louis Capet, des Beausset, des Voisin, des Belzunce, des Foulon, des Launay et autres tyrans subalternes, que vous avez immolés à votre *juste* ressentiment.

Graffigni. Sa réputation littéraire la consola de ses malheurs domestiques. Les *lettres peruvienes* eurent un grand succès dans leur naissance, et le conservent encore. On y trouve de beaux détails, des images vives, tendres, ingénieuses, riches, fortes, légères, des sentimens délicats naïfs, passionnés. Il est facheux que ces qualités soient quelquefois déparées par un style précieux et alambiqué. Graffigni tenait ces défauts des cotteries dont elle était l'ame: et surtout de l'esprit d'un siecle où les femmes qui aspiraient à la réputation de philosophie, tombaient souvent dans un imbroglio de métaphysique qu'elles prenaient pour la plus sublime raison. Le drame de Cénie en cinq actes et en prose, est écrit avec délicatesse, plein de traits finements rendus et de choses bien senties ; mais on ne doit point omettre qu'il est dans ce genre batard qu'on appelle *Larmoyant*.
Graffigni mourut à Paris, en 1758, à 64 ans. Ce qui la distinguait, c'était un *jugement* solide, un esprit modeste et docile, un cœur sensible et bienfaisant.

Gresset. Les Couvens et les Nones ne sont plus; mais Ververt qui leur doit l'existence, vit encore et vivra autant que la langue française. Ce charmant badinage, ainsi que *la Chartreuse*, *les Epîtres à sa Sœur*, *à sa Muse*, *et au Jésuite Bougeant*, ont placé Gresset au premier rang des poëtes anacréontiques. Comme poëte dramatique, il a cueilli moins de lauriers ; mais sa comédie du *Méchant*, sera toujours vue avec plaisir sur le théâtre. Gresset, petit mondain au commencement de sa carriere littéraire, a fini par être... dévot.

Il prétendait avec componction,
Qu'il avait fait jadis des Comédies,
Dont à la vierge il demandait pardon.

Malgré ce petit ridicule, Gresset était aussi estimable par les qualités du cœur que par celles de l'esprit. Les Lettres l'ont perdu en 1777.

GUERKE Bourgmestre de Magdebourg, et l'un des plus grands physiciens de son siecle, mourut à Hambourg, en 1686, dans un âge très-avancé. Ce fut lui qui inventa la Machine Pneumatique, les deux Bassins de cuivre appliqués l'un contre l'autre, que seize chevaux ne pouvaient séparer en tirant; le Marmouset de verre qui descendait dans un tuyau quand le tems était pluvieux, et en sortait quand il devait être serein. Ce Marmouset a fait place au Baromètre, dont il avait donné l'idée.

GUITON fut élu Maire de la Rochelle, lorsque Richelieu assiéga ce boulevard de la Liberté. Guiton n'accepta cette place qu'à condition qu'il lui serait permis d'enfoncer le poignard dans le sein de celui qui parlerait de se rendre, et que ce poignard destiné à le frapper lui-même, s'il demandait à capituler, resterait sur la table de la chambre où ils s'assemblaient à la maison Commune. Ce républicain soutint son caractere jusqu'à la fin. Un citoyen lui disait que bientôt tous les habitans mourraient de faim, *eh bien*, répondit froidement

froidement Guiton, *il suffit qu'il en reste un pour fermer les portes.*

Cependant il fut obligé de céder à la famine et de rendre la ville en 1628.

Guttemberg né à Strasbourg, inventa l'Imprimerie vers l'an 1440, avec Faust, Bourgeois de Mayence, et Schoeffer. Ces Artistes imprimerent d'abord avec des planches de bois; quelque tems après ils inventerent les lettres mobiles qu'ils firent de bois, jusqu'à ce que Schoeffer s'avisa de frapper des matrices pour avoir des lettres de métal fondu.

Honneur soit rendu à ces immortels bienfaiteurs de l'humanité! ils ont préparé, sans le savoir, la chute du despotisme. Chaque expérience qu'ils faisaient, brisait un anneau de cette longue et pesante chaîne dont les tyrans accablent les malheureux humains.

H.

Hachette, de Beauvais en Picardie, s'illustra au siége de cette ville formé par les Bourguignons, en 1472. Le jour de l'assaut on vit cette heroïne sur la breche arracher le drapeau qu'on y voulait arborer, et jeter le soldat qui le portait, en bas de la muraille. Les Beauvaisiens reconnaissans rendirent de grands honneurs à sa mémoire. Ses descendans furent déclarés exempts de taille; et pour honorer le courage des femmes qui seconderent si bien Jeanne Hachette, il se fait tous les ans, le 10 Juillet, une procession où les femmes vont les premieres. La procession religieuse peut être supprimée; mais il est important que l'heroïsme de Hachette et de ses compagnes soit présenté sans cesse à l'imitation de leurs descendans, et qu'il devienne l'objet d'une fête civique.

(HARMODIUS. *Voyez* Aristogiton.)

HARVEI s'est immortalisé par la découverte de la circulation du sang. Ses ennemis ou ses envieux voulurent lui en disputer l'honneur; mais, dit l'historien Hume, son *traité* est embelli par cette chaleur et cette noblesse qui accompagnent si naturellement le génie de l'invention. Ce grand médecin mourut en 1657, âgé de 79 ans. Il avait été Professeur d'Anatomie et de Chirurgie au college des médecins à Londres, sur lequel il répandit ses bienfaits.

HÉLOÏSE. Ce nom rappelle tout ce que l'amour a de plus vif, le sentiment de plus tendre, le cœur de plus délicat, l'affection de plus constant, le désir de plus impétueux, et l'esprit de plus intéressant. Jamais femme ne fut plus digne d'inspirer ou d'éprouver l'amour. Jamais femme n'eut autant de droits qu'Héloïse, de s'écrier dans les transports de la passion la plus vraie.

L'amour n'est point un crime : il est une vertu.

(COLARDEAU.)

Héloïse, possédant tous les dons de la nature, et un esprit supérieur à son siecle; Héloïse n'aimant dans Abailard qu'Abailard lui-même; Héloïse, aimant encore lorsque les sources du plaisir sont taries pour elle, lorsque l'amant ne paye que par une froide estime ou par un souvenir douloureux, la brûlante tendresse de l'amante; Héloïse, emportant son amour au tombeau; Héloïse enfin malheureuse, pour avoir légitimement aimé celui qui l'adorait; tel est le phénomêne qu'a produit le douzieme siecle. Il ne s'est point encore renouvellé.

HELVÉTIUS, mort à Paris en 1771.

«La révolution doit beaucoup aux écrits de ce

Philosophe. Ils inspirent et respirent la Liberté ».

Le livre de l'*Esprit* a le premier posé le principe de la véritable vertu ; elle consiste, suivant lui, à modeler ses actions et sa vie entière sur l'intelligence de l'ordre social, sur l'amour des hommes, sur l'amour de sa Patrie, sur le besoin de l'intérêt commun. Il la définit le sacrifice que fait l'individu au bien du plus grand nombre ; c'est la vertu civique et universelle ; elle émane des notions primitives de la nature et de la société ; d'elle seule découlent toutes les autres ; c'est la vertu des Philosophes et des Républicains.

Souvenez-vous de l'époque où parut ce beau livre. Les tyrans et les prêtres qui cherchent toujours à isoler les hommes, ne pardonnerent point à Helvétius d'avoir ainsi reculé l'horison des devoirs, d'avoir séparé la morale de la religion, d'avoir révélé aux hommes le vide et l'arbitraire de ces vertus domestiques et privées qui ne font que rapetisser les esprits, lorsqu'elles ne sont point liées aux grandes vues du bien général ; d'avoir soulagé les consciences des faux scrupules qui sont les grapins du machiavelisme, et les gluaux de l'hypocrisie ; d'avoir enfin sapé dans ses fondemens l'édifice des superstitions politiques et religieuses.

Aussi Helvétius fut-il persécuté par les visirs et les muphtis du Sultan Louis XV. Il fut même abandonné par les hommes d'esprit de ce tems, qui, pour la plupart, ne le comprenaient pas. Il avait purifié, affermi l'idée des devoirs, en découvrant leur racine unique, éternelle et sortant du sein même de la nature. On l'accusa de calomnier l'humanité, de détruire les vertus. Il répondit comme le sage au sophiste qui niait le *mouvement* ; il honora l'humanité ; il eut toutes les vertus ; il pratiqua ce qu'il enseignait.

Sa vie est connue ; devenu Fermier-Général, à 25 ans, il fit dans le Royaume la tournée d'usage. C'était le noviciat du métier d'exacteur et de sangsue des peuples ; ce voyage fût pour lui, une occasion de se pénétrer d'horreur pour tant d'oppressions. A son retour il se démit, et publia courageusement les motifs de cette abjuration. Ce qui lui arriva, lors de son passage à Bordeaux, le peint tout entier. Voulant connaître dans tous leurs détails les vexations de la tyrannie financiere, il parcourait les lieux les plus obscurs ; il conversait avec les citoyens de toutes les classes; à chaque plainte qu'on lui portait de la Ferme ou de ses agens, il excitait lui-même le peuple à la résistance, à l'insurrection. *Pourquoi souffrez-vous cela ? que n'attaquez-vous ces coquins ? je serai forcé de me mettre à leur tête, mais vous nous battrez ; n'êtes-vous pas les plus forts ?* Ses confreres étaient désespérés et se promettaient bien de le dispenser à l'avenir de pareilles commissions. Il existe encore des témoins de ce fait.

Le second ouvrage d'Helvétius, qui a pour titre *de l'homme*, quoique moins célebre, me semble encore plus utile et plus beau que l'Esprit. La philosophie s'y montre plus indépendante et moins réservée ; le despotisme y est attaqué de front, et son absurdité mise à nu autant que son atrocité. Le Catholicisme y est ouvertement traité avec l'indignation et le mépris qu'il mérite de tout homme de sens et de tout homme de bien.

L'idée principale de cet ouvrage a trouvé beaucoup de contradicteurs ; qu'elle est belle cependant, et conforme au principe bienfaisant de l'égalité des hommes !

L'éducation et les circonstances font l'homme tout entier, et tout homme naît capable de tout ; ainsi l'inégalité des esprits, l'inégalité physique elle-même, ne saurait être opposée à la multitude asservie. Ces inégalités sont l'effet des mauvais gouvernemens qui en abusent pour opprimer et tromper les hommes. . . .

Tel est ce consolant système qui enleve à l'aristocratie son plus puissant sophisme ; qui ôte au despotisme son prétexte le plus spécieux, son palliatif le plus tolérable. Peut-être Helvétius lui donne-t-il une extension forcée ; mais combien cette exagèration même est honorable à l'humanité ! Quelle carriere d'espérance pour le perfectionnement des sociétés, et pour l'amélioration de l'espece humaine ! (*Grouvelle.*)

Voilà cependant l'homme, qui au grand étonnement de toute la France, a été signalé dans le Club des Jacobins, comme un vil intriguant ; et dont le buste a été mis en pieces avec une fureur dont l'histoire de notre révolution n'offre point d'exemples. Il était reservé aux Jacobins de faire l'importante *découverte* qui a motivé leur insurrection contre Helvétius. Pour nous Grossiers Provinçiaux, à qui la nature n'a pas réparti le même tact et la même finesse d'entendement qu'aux gens de Paris, nous avouons bonnement, que nous n'avons rien trouvé dans la vie et dans les œuvres d'Helvétius, qui puisse justifier l'acharnement de ses nouveaux et incompréhensibles ennemis.

Helvidius, gendre de Thraséa-Pætus, et comme lui vertueux et libre sous le plus affreux despotisme, fut mis à mort par ordre du tyran Domitien.

Hennuyer, Ami de l'humanité, quoiqu'Évêque, s'opposa au massacre des Religionaires dans la ville de Lizieux, et demanda au Lieutenant-de-Roi, acte de son opposition. Son exemple ne trouva d'imitateurs, à la honte de l'Eglise, que parmi les Militaires et Commandans des places. Que dirait cet honnête prélat, s'il revenait au monde, et qu'il vit ses indignes confreres du 18.eme siecle, attiser les feux d'une

guerre civile et religieuse? et pour comble de bêtisse, si la scélératesse n'était pas leur principal mobile, invoquer, pour le rétablissement du catholicisme, les armes des Prussiens et des Hessois qui ne sont pas assurément très-papistes!
» Freres en Dieu, s'écrirait-il d'une voix où se
» peindraient l'indignation et la raillerie; ce n'est
» pas la ruine de la religion qui vous touche;
» non, *le monde n'est plus Grue*: c'est la perte
» de vos. . . . . dîmes, de vos filles de *joie*,
» et de ces chars fastueux dans lesquels vous
» insultiez à la vertu indigente; c'est la perte de
» votre autorité. Croyez-moi: rendez grâce au
» génie de l'humanité qui vous a conservé l'exis-
» tence; cessez de provoquer la vengeance d'un
» nation généreuse, à la vérité, mais qui est for-
» tement déterminée à ne plus rentrer sous
» votre *joug* ».

Hennuyer mourut en 1577, cinq ans après le massacre de la St-Barthelemi.

Hérodote. Son histoire qu'on peut appeller *universelle*, fut si applaudie aux jeux olympiques où il en fit lecture, qu'on donna le nom des neufs muses aux neufs livres qui la composent.

Il ne faut pas oublier une circonstance de la vie d'Hérodote, qui prouve son amour pour la Liberté, et qui l'honore autant que le titre de *pere de l'histoire*. Halicarnasse, sa patrie, était asservie à un tyran. Il vint à bout de le faire chasser, et de contribuer au rétablissement de la Liberté.

Ce service qui ne devait inspirer que de la reconnaissance, excita l'envie contre lui; et il se vit obligé de passer chez les Grecs d'europe. Il vivait vers la 80.e olympiade.

Hypparque, Astronome de Nicée en Bythinie,

florissait vers la 162e. olimpiade. Il fut le premier, après Thalès, chez les Grecs, et Sulpicius-Gallus, chez les Romains, qui trouva le moyen de prédire juste les éclipses qu'il calcula pour six cens ans. Il détermina avec assez de précision les révolutions du soleil; il calcula la durée de celles de la lune, et fixa l'inclinaison de son orbitre sur l'équateur, enfin il connut le vrai système du monde, tel qu'il avait été enseigné par Pythagore, et tel que Copernic l'a fait adopter depuis à l'Europe savante.

Hippocrate, le Pere de la Médecine, exerça son art à titre de succession. Instruit par des exemples domestiques et par l'étude de la nature, il délivra les Athéniens de l'affreuse peste qui fit tant de ravage parmi eux, la troisieme année de la guerre du Peloponnèse. Le droit de bourgeoisie et une couronne d'or, furent le prix de ce bienfait.

Son désintéressement, son patriotisme et sa modestie égalaient son habileté. Il répondit au roi de Perse qui lui faisait les offres les plus brillantes, pour l'attirer à Suze, *qu'il devait tout à sa patrie et rien aux étrangers*. Et une chose digne de remarque, c'est qu'Artaxercès irrité de ce refus, somma la ville de Cos de lui livrer leur concitoyen; mais ce moyen ne réussit pas plus que le premier.

Hippocrate né avec un génie supérieur pour la médecine, prévoyait sans se tromper, le cours et la fin des maladies. Il avait surtout un talent admirable pour discerner les symptômes du mal et le tempérament du malade. Enfin, après deux mille ans, il est encore l'oracle de la médecine; et ses successeurs ont peu ajouté à ses observations et à sa pratique.

Hippocrate mourut à Larissa, en Thessalie, après avoir vécu plus d'un siecle, sain de corps et d'esprit.

Homère, le prince des poëtes Grecs et le pere

de l'Epopée. On ne sait rien de certain sur le lieu de sa naissance et sur le tems où il a vécu; mais qu'importe après tout? les hommes de génie sont de tous les pays, et leurs ouvrages de tous les tems.

Je t'oublirais, cygne de Méonie,
Toi qui m'appris les lois de l'harmonie;
Toi, des mortels, peut-être le plus grand!
Pour te louer les siecles se répondent....
Zoïle envain de ta gloire murmure;
L'aigle sublime, insensible à l'injure,
Brave dans l'air les cris du vil corbeau.
Tu plais toujours, tu seras toujours beau,
Comme les cieux, la mer et la nature.

(Poëme des styles)

Ecoutons un grand maître apprécier le plus ancien et le plus grand des poëtes.

« Je ne suis plus maître de mon admiration, » quand je vois Homère s'élever et planer, pour » ainsi dire, sur l'univers; lançant de toutes parts » ses regards embrasés; recueillant les feux et les » couleurs dont les objets se décellent à sa vue, as- » sister au conseil des dieux; sondant les replis du » cœur humain; et bientôt riche de ses décou- » vertes, ivre des beautés de la nature, ne pou- » vant plus supporter l'ardeur qui le dévore, la » répandre avec profusion dans ses tableaux et » dans ses expressions, mettre aux prises le ciel » avec la terre, les passions avec elles-mêmes, » nous éblouir par ces traits de lumieres qui n'ap- » partiennent qu'au génie; nous entraîner par » ces saillies de sentiment, qui sont le vrai su- » blime, et toujours laisser dans notre ame, un » impression profonde qui semble l'étendre et l'a- » grandir; car ce qui distingue surtout Homère, » c'est de tout animer, et de nous pénétrer sans » cesse des mouvemens qui l'agitent; c'est de » tout subordonner à la passion principale; de la » suivre dans ses fougues, dans ses écarts, dans

» ses inconséquences ; de la porter jusqu'aux nues » et de la faire tomber, quand il le faut, par la » force des sentimens et de la vertu, comme la » flamme de l'Etna, que le vent repousse au » fond de l'abyme ; c'est d'avoir saisi de grands » caractères ; d'avoir différencié la puissance, la » la bravoure et les autres qualités de ses person- » nages ; non par des descriptions froides, fastidieu- » ses ; mais par des coups de pinceau rapides et » rigoureux, et par des fictions neuves et semées » presque au hazard dans ses ouvrages.»

HORACE.

Gresset le peint avec beaucoup de vérité dans ces trois vers :

Horace l'ami du bon sens,
Philosophe sans verbiage,
Et Poëte sans fade encens.

Il est dans Horace une chose bien plus estimable encore, que ses grands talens pour la poésie ; c'est sa reconnaissance pour un père qui n'avait rien négligé pour son éducation ; il est sur ce point le modèle des enfans bien nés.

Horace mourut, l'an de Rome 715, âgé de 57 ans.

Nous ne dirons rien de particulier sur ses ouvrages. Eh quel est l'homme un peu lettré, qui ne les a point lûs cent fois ? On peut leur appliquer ce que Quintilien disait de ceux de Cicéron : *hic multum se profuisse sciat, cui Cicero valde placuerit.*

Horace a toujours fait les délices des hommes de goût. Plusieurs même l'ont aimé avec passion. Le Maréchal Victor d'Estrées, lorqu'il était sur mer, avait toujours un Horace avec lui ; c'était son pilote ; et il avouait franchement que ce Poëte lui paraissait seul capable de charmer les ennuis de la navigation.

Jeunes Francs, étudiez Horace ; nous disons plus.

Nocturnâ versate manu versate diurnâ.

Vous n'aurez point fait une étude inutile.

Horace, dans le cœur puisant tout ce qu'il pense,
Par une gracieuse et douce négligence,
Sans trop affecter l'art, nerveux, vif et pressant,
Est partout instructif, partout intéressant.
C'est un ami prudent, mais sans cesse agréable,
Qui mene à la raison par une route aimable.
Chez lui, le jugement aussi grand que l'esprit,
Donne de la vigueur à tout ce qu'il écrit.
Ses ouvrages divers renferment la pratique
Des regles que prescrit sa brillante critique,
Il *juge* de sang froid et compose avec feu. (*Pope.*)

Hortensius, le rival de Cicéron en éloquence, posséda presque toutes les parties qui font le grand Orateur. Une mémoire sûre et fidelle, lui faisait aisément retrouver ce qu'il avait auparavant conçu, les mêmes choses, les mêmes mots et le même arrangement. Son ardeur pour le travail était si grande, qu'il ne passait *jamais* un jour sans parler en public, ou sans composer quelque chose dans le particulier. Mais il lui manquait le génie sans lequel tous les effots de l'art sont inutiles; aussi, quoiqu'il eût longtems balancé à la tribune la gloire de Cicéron, dès que ses plaidoyers virent le grand *jour*, et qu'ils ne furent plus soutenus par la beauté de l'action, ils ne purent soutenir la concurrence avec ceux de son rival.

Hortensius parvint au Consulat, et se distingua autant par les vertus patriotiques que par les talens oratoires. Il mourut l'an 704 de Rome. Plus heureux que Cicéron, il ne vit point l'asservissement de sa Patrie.

Huniade Vaivode de Transylvanie, sembla suscité par le génie de l'Europe pour s'opposer aux progrès des Turcs qui menaçaient de l'envahir. Il les battit en 1442 et 1443, et les força fit lever le siége de Belgrade. L'année d'après il se signala à la malheureuse journée de Varne, où Ladislas, roi de Hongrie, fut tué. Nommé Gouverneur de Hongrie, il rendit son nom si redoutable aux Turcs, que leurs enfans ne l'entendaient prononcer qu'avec frayeur. Il mourut en 1456, pleuré de Mahomet II, qui regrettait de n'avoir plus d'ennemi digne de son courage.

Hypacie, célebre Platonicienne, a honoré son sexe par l'assemblage des plus rares qualités; et augmenté le nombre des victimes du fanatisme. Sa beauté lui fit des adorateurs, ses talens, des envieux, et sa vertu, des ennemis. Le peuple d'Alexandrie, ameuté par quelques chrétiens fanatiques, massacra l'intéressante et malheureuse Hypacie, vers l'an de Rome, 1167.

Elle avait commenté le mathématicien Diophante, et composé plusieurs ouvrages, dont aucun n'est parvenu jusqu'à nous.

Hyperide, Orateur Athénien, se distingua par son éloquence et par son amour pour la Liberté. Entendant les députés d'Antipater vanter devant l'aréopage, la probité de ce prince, « nous savons, répondit-il, que votre roi est un honnête homme; mais nous savons aussi que nous ne voulons pas d'un maître, quelque honnête homme qu'il soit ». Réponse vraiement digne d'un Républicain. Après la défaite de Cranon, il fut pris et conduit à Antipater qui le fit mourir. Il ne nous reste d'Hypéride qu'une harangue qui donne une idée avantageuse de la douceur et de l'élégance de son style.

J.

Julie, fille de César, qui l'arracha à son mari Cepion, pour la donner à Pompée, passait pour la plus belle et la plus vertueuse femme de Rome. Elle était le lien qui unissant le gendre et le beau-pere, maintenait la tranquillité publique. Pompée avait aimé tendrement Julie. Tout entier à son amour, il oublia tant qu'elle vécut, les armes et les affaires ; mais la mort prématurée de son épouse, le replongea dans le tourbillon de l'intrigue et de l'ambition ; et la guerre civile suivit bientôt après. (A quoi tient le sort d'un grand Peuple ?)

Iphicrate, Général des Athéniens, fils d'un Cordonnier, s'éleva par son mérite, du grade de simple Soldat à celui de Commandant des armées. Il battit les Thraces, secourut les alliés de sa Patrie, et remporta des avantages sur les Spartiates ; il se rendit recommandable par son zèle pour la discipline militaire, et par les innovations utiles qu'il fit dans l'armure du Soldat et dans la tactique.

Iphicrate avait la noble fierté d'un guerrier qui doit son élévation à son mérite. Un homme qui lui avait intenté un procès, lui reprochant la bassesse de sa naissance, et faisant extrêmement valoir la noblesse de la sienne : « Je serai le premier de ma race, lui répondit ce grand homme, et toi le dernier de la tienne ». On rapporte la même réponse de Cicéron. Iphicrate mourut dans la premiere année de la centieme Olympiade.

Jeannin, homme de mœurs antiques, et le seul peut-être, qui crut servir l'état, en soutenant la cause de la Ligue, se distingua également dans le barreau et dans la carriere diplomatique, et dans l'administration des finances. Il avait été simple Avocat. Un prince voulant un jour l'embarrasser, en le lui rappellant, lui demanda de qui il était fils : *De mes vertus*, répondit ce grand homme.

Jeannin mourut en 1622, à 82 ans. Nous avons de lui des *Mémoires* et des *Négociations*, utiles aux Administrateurs et aux hommes d'Etat.

K.

KEPLER, disciple et ami de Tycho-Brahé, fut le premier maître de Descartes en optique, et le précurseur de Newton en physique. Mais il doit principalement sa réputation à ses découvertes en astronomie. Il est l'Auteur de cette regle connue sous le nom de regle de Kepler, selon laquelle les planètes se meuvent. Il devina la rotation du Soleil sur lui-même; ainsi que la vraie cause de la pesanteur des corps, et de cette loi de la nature dont elle dépend; « que les corps mûs en » rond s'efforçent de s'éloigner du centre par la » tangente ». Kepler fier de ses découvertes auxquelles l'antiquité n'avait rien à opposer, disait franchement qu'il les préférait à l'Electorat de Saxe. Il mourut en 1630, âgé de 59 ans.

L.

LABRUYÈRE, mort en 1696, âgé de 57 ans.

> Tout esprit orgueilleux qui s'aime,
> Par mes leçons se voit guéri;
> Et dans mon livre si chéri,
> Apprend à se haïr soi-même.
>
> (BOILEAU.)

Labruyère par ses *Caractères*, et Molière par ses *Comédies*, ont corrigé plus de ridicules, que tous les Moralistes Anciens et Modernes.

On peut voir dans le Mercure de l'année dernière, les réflexions pleines de goût et de sagacité, de la Harpe, sur Labruyère et sur S. Evremond.

Lafontaine, mort en 1695, à 74 ans.

Il peignit la nature et garda ses pinceaux.

Champfort a fait *l'éloge* de ce grand Fabuliste. Nous y renvoyons nos Lecteurs.

L'Albane, mort à Bologne, en 1660. Son nom et ses pinceaux suffisent pour reveiller à l'instant l'idée des *Grâces*.

Lambert, femme célèbre par son esprit et par les agrémens de son caractère, mourut en 1733, âgée de 86 ans. Voici le portrait qu'en a tracé Fontenelle. « Elle n'était pas seulement ardente à » servir ses amis, sans attendre leurs prieres, ni » l'exposition humiliante de leurs besoins. Mais » une bonne action à faire, même en faveur des » personnes indifférentes, la tentait toujours vive- » ment..... Quelques mauvais succès de ses géné- » rosités ne l'avaient point corrigée ; et elle était » toujours également prête à hazarder de faire le » bien ».

Au reste, la *Marquise* de Lambert se peint dans ses écrits ; et c'est-là qu'on peut l'étudier. Les principaux sont, *les avis d'une mère à son fils*, et *d'une mère à sa fille*. Ces ouvrages respirent une tendre sollicitude pour le bonheur de ses enfans ; et annonçent beaucoup de finesse dans l'esprit, et de délicatesse dans le cœur. Lambert a fait encore un Traité *de l'Amitié*, qui prouve que l'Auteur était également faite pour inspirer et pour éprouver ce sentiment.

Languet, né en Bourgogne, mourut à Anvers,

en 1581, à 63 ans. Il est l'Auteur du fameux ouvrage qui a pour titre, *Vindiciæ contra Tirannos*, un des plus énergiques qui aient été faits contre les Rois et contre la Royauté. Envoyé en France, par l'Electeur de Saxe, dont il était le premier Ministre, il fit une harangue éloquente et hardie à Charles IX, au nom des Princes Protestans d'Allemagne; et le jour du massacre de la Saint-Barthelemi, il exposa courageusement sa vie, pour sauver celle de Mornai, et de quelques autres de ses amis.

Ses voyages lui avaient appris à connaître le monde et à le mépriser. Il le quitta sans regret, *parce que*, disait-il, à l'article de la mort, *loin de devenir meilleur, il était devenu pire.*

Hubert Languet ne se doutait point qu'un de ses arrières-petits neveux, évêque de profession, ferait au milieu du 18eme siecle, la vie et l'apothéose d'une Visionnaire de Béguine, *Marie-à-Lacoque*.

Lapeyrouse, célebre Navigateur Français, se distingua dans la guerre d'Amérique, où il détruisit les établissemens Anglais de la Baye d'Hudson. Le 1er Août 1786, il partit avec les vaisseaux l'*Astrobale* et la *Bousole*, pour faire des découvertes, ou plutôt pour continuer celles du fameux Capitaine Cook. Louis-Capet traça lui-même le plan de ce voyage maritime. Après avoir visité l'île de Pâque, et la côte N. O. de l'Amérique, Lapeyrouse débouqua le détroit de Beëring, et s'avança vers les latitudes septentrionales, où il fut arrêté par les glaces. Le premier Octobre 1787, il appareilla du port d'Awatska, pour reconnaître les îles du Japon, et les détroits qui les séparent, soit du continent de l'Asie, soit d'elles-mêmes. C'était une opération que n'avaient pu faire ni Cook, ni King; redescendu au Midi, Lapeyrouse visita la terre des Arsacides et celle de Courville. A l'île des Navigateurs, il perdit 14 hommes qui furent mangés par les naturels. Au mois de Février de l'année suivante, il arriva à Botani-Bay, où les Anglais venaient tout récemment de fonder une Colonie; et depuis ce tems-là, on n'a point reçu de ses nouvelles. L'Assemblée Constituante, sur une pétition de la Société d'Histoire Naturelle, ordonna au commencement de l'année 1791, qu'il serait expédié des vaisseaux à sa recherche. D'Entrecastraux chargé de cette mission, mit à la voile le 28 Septembre de la même année; et douze mois après, Aristide Dupetit-Thouart, est parti pour le même objet.

Les conjectures sur le sort de l'infortuné Lapeyrouse, sont infinies. Est-il mort? ou est-il détenu dans quelque île de la mer du Sud? C'est à cette dernière conjecture que nous aimons à nous arrêter. Les îles des Amis et de la Société, offrent bien des charmes à des Marins fatigués d'une longue et périlleuse navigation; à ces hommes, principalement, sur qui tombent toutes les rigueurs du service; et à qui leur retour en Europe, ne présente que de nouveaux dangers et des travaux éternels. Il est vrai que les chefs n'ont pas les mêmes motifs de demeurer exilés de leur Patrie.

Trois ans déja passés, un odieux naufrage,
Sous l'ardent Capricorne enchaîne mon courage.
Je vois mes tristes jours dans l'ennui s'écouler.
Ces climats, il est vraî, prompts à me consoler,
D'un éternel exil adouciraient la peine;
Si je pouvais jamais, ô rives de la Seine,
Jeter sur d'autres bords un regard familier.
Mais, helas! dans son sein, un Peuple
hospitalier,
M'offrant des voluptés la coupe enchanteresse,
Envain croit dissiper ou charmer ma tristesse;
Hé! loin de ses foyers, dans un honteux loisir,
Lapeyrouse peut-il goûter quelque plaisir?

Je pleure au souvenir d'une épouse chérie,
Dont l'amour fit long-tems le bonheur de ma vie ;
Je pleure de mon nom l'honneur enseveli,
Et mes travaux nombreux dévorés par l'oubli.

LASCAZAS. Tandis que l'avarice et le fanatisme s'accordaient pour détruire les malheureux enfans du Nouveau-Monde, le génie de l'humanité leur suscitait un défenseur dans la personne de Lascazas. Hommage soit rendu à ce courageux et infatigable défenseur des opprimés ! Les cœurs long-tems serrés par le tableau des horribles outrages faits à l'humanité, s'ouvrent enfin et s'épanouissent, lorsqu'un homme vertueux fait entendre sa voix tonnante, et suspend les coups de la barbarie européenne.

Il ne faut pas oublier, pour établir le contraste, qu'un docteur nommé Sépulveda, moine comme Lascazas, mais d'un esprit bien différent, entreprit de justifier les violences des Espagnols dans le Nouveau-Monde, par les lois divines et humaines, et par l'exemple des Israëlites, vainqueurs des Cananéens.

Il ne faut pas oublier non plus, que le livre de l'infame Sépulveda, fut imprimé à Rome, sous les yeux du vicaire de Jésus, du serviteur des serviteurs, et des 15 mille calotins ou enfroqués, dont les pieds profanateurs font crier les cendres des Brutus et des Thraséa.

Lascazas refuta cette horrible apologie du meurtre et de la tyrannie, par un ouvrage intitulé *la destruction des Indes*, plein de détails qui font frémir l'humanité. Mais l'ouvrage le plus curieux, comme le plus rare de Lascazas, est celui qu'il composa sur cette question: *si les rois ou les princes peuvent en conscience par quelque droit, ou en vertu de quelque titre, aliéner de la couronne leurs citoyens et leurs sujets, et les soumettre à la domination de quelques seigneurs particuliers.* On sent bien que Lascazas se déclare pour la négative. Nous invitons Frederic - Guill. . . . François, Catau et Compagnie, à lire cet ouvrage. Nous y invitons spécialement ces petits Princiaux Teutons aux 72 quartiers, qui voulaient qu'en dédommagement de leur fiefs supprimés en Alsace, la France leur achetât d'autres terres et d'autres sujets.

Lascazas mourut en 1565, âgé de 92 ans, dont plus de cinquante avaient été employés en travaux et en voyages dans le Nouveau-Monde, pour la défense des malheureux Indiens.

Laure, surnommée la nymphe de Vaucluse, doit son immortalité au fameux Petrarque, plus encore qu'à sa beauté. Ce Poëte l'aima vingt-ans pendant sa vie, et conserva son amour dix ans après sa mort. Les chansons et les sonnets qu'il fit à sa louange, sont au nombre de 406.

Laure était aussi vertueuse que belle et spirituelle. Quelques légers soupirs, quelques regards gracieux et quelques paroles honnêtes, furent, dit-on, le seul prix dont elle paya la passion la plus longue et la plus sincere.

La belle Laure mourut à Avignon, en 1346, n'étant âgée que de 38 ans.

Lecorrege, Peintre Italien, né en 1494, mort en 1534, ne doit sa gloire qu'à lui-même. La nature l'avait fait Peintre. On sait qu'ayant sous les yeux un tableau de Raphaël, il le considera dans un profond silence, et qu'il interrompit enfin par cette exclamation que l'enthousiasme et le sentiment de ses forces lui arracherent : *et moi aussi je suis Peintre* ! Lecorrege eut toutes les vertus domestiques. Il aimait tendrement sa famille ; ayant un jour reçu 200 livres en monnoye de cuivre, la *joie* qu'il avait de porter cette somme à ses parens, lui fit oublier le poids; il arriva très-fatigué et mourut d'une fievre violente occasionnée par cet excès.

Comme Peintre sublime, comme homme sensible, son nom figurera plus dignement dans ce calendrier que celui des égoïstes solitaires déïfiés par la superstition. Celui qui prendra Lecorrege pour patron, et qui tâchera de l'imiter, aura à parcourir la double carriere du génie, et de l'humanité.

Lebrun mort à Paris, en 1690. C'est un de ces hommes rares nés pour faire honneur à leur art, à leur Patrie, à leur siecle et à l'esprit humain. Il a égalé dans la composition, les plus grands peintres qui l'avaient précédé. Ses dispositions sont justes et animées ; ses grouppes agréablement diversifiés, ses attitudes d'un beau choix, ses draperies sont jettées dans un bel ordre, elles ont un air de grandeur qui les distingue. Son pinceau fut toujours vrai, constant, gracieux; et malgré sa fécondité surprenante, ne s'écartant presque jamais de la correction. Il n'a manqué à Lebrun, pour arriver à la perfection, que d'avoir un coloris plus vigoureux et plus varié, et d'avoir évité, peut-être, une trop grande uniformité dans ses airs de tête. Il nous a laissé deux Traités fort estimés, l'un sur la physionomie, l'autre sur le caractere des passions qui prouvent les réflexions savantes qu'il avait faites sur ces matieres.

Lecouvreur, célebre Actrice, morte à Paris, en 1730, âgée de 40 ans. L'Actrice qui l'a représentée dans le rôle de Cornelie, tenant entre ses mains l'urne du grand Pompée, a gravé au-dessus ces 4 vers.

C'est peu de voir ici pour attendrir vos cœurs,
Les cendres de Pompée, et Cornelie en pleurs;
Reconnaissez, pleurez cette Actrice admirable,
Qui n'eut point de modèle et fut inimitable.

Maurice de Saxe, lui écrivit de Courlande, de lui chercher un secours d'argent, Cette Actrice célebre, oubliant ses propres besoins, vendit sa vaisselleet ses bijoux, et envoya 40,000 l. L'intolérance lui refusa la sépulture; mais l'humanité conduite par le dieu du goût, lui dressa un tombeau sur les bords fleuris de la Seine. Tous ses amis ajouterent en pleurant un fleuron à sa couronne, et graverent en dépit du préjugé son nom fameux au temple de la gloire.

Leibnitz, Métaphysicien, Politique, Géometre, Jurisconsulte, Chimiste, Historien, Poëte et même Théologien; en un mot, l'homme le plus universel qu'ait produit l'Allemagne.

Il se rencontra avec Newton dans la découverte du calcul de l'infini; et le premier, il conçut la grande idée d'une langue universelle.

Leibnitz avait une opinion qui étonne dans un homme tel que lui; et qui à coup sûr, ne trouvera pas beaucoup de Sectateurs parmi les Philosophes du 18eme siècle. Il pensait que le despotisme exercé par les Papes dans les 10 et onzieme siècles, avait seul garanti l'Europe, d'une entière subversion, et conservé le peu de lumières qui perçaient encore à travers les ténebres. N'en déplaise à Leibnitz, nous prenons l'inverse de sa proposition; et nous croyons de cœur et d'esprit, que les Bulles, les investitures, les excommunications et autres actes scellés de l'Anneau du Pêcheur, ont contribué plus que toute autre chose à retenir l'esprit humain dans cet Etat d'abâtardissement où il a été plongé pendant plus de cinq siècles.

Leibnitz mourut en 1716, âgé de 72 ans.

Lekain, un des plus grands Acteurs de ce siècle. Voltaire qui démêla son talent, le tira de son attelier pour le faire monter sur la scène. « Baron, » disait-il, était plein de noblesse, de grace et » de finesse, Beaubourg était un énergumène ; » Dufresne n'avait qu'une belle voix et un beau » visage ; Lekain seul a été véritablement tra- » gique ».

Cet Acteur, avec une figure peu agréable et une voix peu sonore, a épuisé les applaudissemens de son siècle. Ses talens naturels avaient été renforcés par l'étude la plus constante et la plus réfléchie de son art, à la perfection duquel il consacrait son tems, ses soins et ses dépenses. Il est le premier, qui ait eu de véritables habits de costume ; et il les dessinait lui-même avec l'exactitude d'un homme qui connaissait l'histoire et les mœurs des Peuples. Il mourut à Paris, en 1778, âgé de 49 ans.

Lemaire, Navigateur Hollandais, découvrit en 1616, le détroit qui porte son nom, et qui sépare la Terre de Feu, de celle des Etats.

Léonidas, un de ces Rois véritablement grands, qu'il n'était donné qu'aux institutions de Lycurgue, de faire éclore. On ne sait ce qu'on doit le plus admirer dans Léonidas, ou son courageux dévouement, lorsqu'à la tête de trois cens Spartiates, il soutint au passage des Thermopyles, le choc d'une armée dix fois plus nombreuse ; ou son amour pour l'indépendance de sa Patrie, lorsqu'il répondit à Xercès, qui lui offrait l'Empire de la Grece. « J'aime mieux mourir pour mon pays, » que d'y régner injustement ».

Républicains, voilà les hommes que la vertu vous offre pour modèles ; voilà les hommes dont vous devez emprunter le nom ; il sera pour vous le plus infaillible des talismans.

Quand Rome, fouillant dans son Panthéon des

Christicoles déifiés, étalerait à vos yeux la foule des aveugles et des boîteux, que *le fils de l'homme* força d'entrer dans la salle du festin, vous n'y trouveriez point de Léonidas. Ce grand homme seul, mis dans la balance avec ces demi-Dieux, tiendrait leur bassin élevé jusqu'au firmament où les a placés le stupide vulgaire, tandis que lui toucherait la terre qu'il a honorée par ses vertus.

LEPELLETIER.

D'avoir un roi jamais s'il te prenait envie,
Homme qui que tu sois, lis ces mots en tremblant,
Jugeant un roi coupable, et vengeant ma Patrie,
Un esclave assassin me déchira la flanc.

L'Europe n'aura pas appris sans étonnement, que la veille du jour où Louis-Capet devait être immolé par les lois à la juste vengeance du Peuple Franc, un Représentant de ce même Peuple expira, victime de son opinion, sous les coups d'un royaliste aussi lâche que forcené. Le nom de l'assassin Pâris parviendra à la postérité, comme celui d'Erostrate et des grands scélérats; et les hommes libres de tous les pays ne le prononceront qu'avec une sainte horreur.

Le 20 du mois des Frimats doit être pour les Francs, un véritable jour de deuil. La majesté du Peuple a été violée dans la personne d'un de ses Représentans. Il faut qu'elle soit vengée. Elle le sera : la haine qui depuis quatre années sépare les Amis de la Liberté et ceux de la servitude, s'accroîtra par ce nouveau forfait du royalisme. Ainsi les vœux du magnanime Lepelletier seront accomplis. Sa mort aura été utile à sa Patrie.

Lepelletier, autrefois Président au ci-devant Parlement de Paris, s'est montré constamment l'Ami du Peuple, dans les Assemblées Constituante et Conventionnelle. Une douce philantropie, un amour sincère pour son pays, et l'éloignement de toute intrigue, formaient son caractère.

Il est l'Auteur du *Code Pénal*, décrété par l'Assemblée Constituante : et il laisse un traité complet sur l'éducation nationale. Nous invitons les freres de Lepelletier à le publier incessamment.

Lepoussin, fameux Peintre, né à Andely en Normandie en 1594, mort à Rome en 1663. Selon d'Argenville, cet habile Artiste ennoblissait l s sujets les plus simples. Un jour qu'il reconduisait, une lampe à la main, le Cardinal Massigni, celui-ci le plaignit de n'avoir pas un valet : mais l'Artiste Philosophe, lui répondit : » et moi, monsieur » *je* vous plains bien davantage d'en avoir tant ».

Leroi, le Graham Français. Voltaire disait que deux hommes avaient vaincu l'Angleterre ; Maurice de Saxe et Julien Leroi. En effet cet Artiste força les Anglais de partager avec nous le sceptre de la Chronometrie. Il mourut en 1759, à l'âge de 73 ans, laissant quatre fils dignes de lui.

Julien Leroi était aussi bon citoyen que grand Artiste. Il se faisait un plaisir de cultiver les talens naissans de ses ouvriers, et les aidait, par ses bienfaits, autant que par ses lumieres.

Lesueur, mort à Paris, en 1655, âgé de trente-huit ans. Ses tableaux ont en partage ces grâces nobles et élevées, qui, sans contrainte et sans servitude, ont tous les ornemens de l'art. La vie et la dignité brillent dans toutes ses figures ; ses attitudes sont simples, nobles et naturelles ; la vraisemblance est observée partout ; son pinceau avait cette franchise de touche, et cette fraîcheur admirable qu'on remarque si rarement chez les autres Peintres ; au lieu d'un goût maniéré, on ne trouve chez Lesueur que le sublime. Après sa mort, les envieux mutilèrent quelques-uns de ses chef-d'œuvres ; mais ce qui nous en reste, assure à jamais la gloire de cet immortel Artiste. A la vue de son fameux tableau de Saint-Paul, l'envie frémit.

Letasse, le plus grand Poëte-Epique de l'Europe moderne.

> Quoi de plus doux, de plus vif, de plus mâle,
> que ce Poëme ! . . . .
> Je sais Virgile, admirer tes écrits . . . .
> Mais que Letasse a bien mieux exprimé
> Cet héroïsme ébauché par Homère !

Que la nature fait payer chèrement ses dons ! L'Auteur de la *Jérusalem délivrée* en fit la triste expérience. Condamné, dès l'âge de neuf ans, à avoir la tête tranchée, proscrit, chassé de sa Patrie; dans la suite, retenu dans une dure captivité pour avoir *osé* aimer la sœur d'un Prince, manquant de tout, enfin mourant à la veille de son triomphe poëtique, Letasse consola par ses malheurs la médiocrité jalouse qu'avait irrité son génie.

Il mourut en 1565, âgé de 51 ans.

Letitien, Peintre de l'Ecole Vénitienne. Ce qui le distingue, c'est le coloris, l'entente du paysage, et l'intelligence du clair-obscur.

Il vécut comblé d'honneurs et de biens ; et mourut à 99 ans, en 1577.

Linnée, le Buffon et le Tournefort de la Suede, imagina une nouvelle méthode pour la division des plantes en classes, en genres et en espèces. Les différentes parties qui servent à la fructification, lui ont fourni les regles qu'il a suivies. Il a proposé vingt-quatre classes de plantes, différenciées avec tant de justesse et de discernement, qu'elles viennent, pour ainsi dire, se ranger

d'elles-mêmes

d'elles-mêmes dans la place qui leur convient. Peu de Physiciens ont fait autant d'observations longues et pénibles.

Linné est mort en 1778, à 71 ans. Le tyran Gustave qui voulait se concilier le suffrage du Peuple savant, et cela pour cause, a fait frapper une médaille en l'honneur de ce grand Naturaliste.

L'Hôpital, Ministre Philosophe dans le siecle du fanatisme, et au sein d'une cour bigotte et corrompue. Devenu Chancelier, après avoir passé par tous les degrés de la robe, il n'employa l'autorité de sa place, qu'à épargner des malheurs au Peuple, et des crimes à la cour. Lors de la conjuration d'Amboise, il ouvrit l'avis salutaire, mais inutile, de pardonner à ceux que le faux zele de la religion avait égarés. La même année, il donna l'édit de Romorantin, pour empêcher l'établissement de l'Inquisition, dont *l'empourpré* Lorraine et le Lama de Rome, comptaient affliger la France. Ce bienfait, n'en eut-il point rendu d'autres à sa Patrie, lui mériterait l'éternelle reconnaissance des Francs.

Aux Etats-Généraux, et aux Assemblées qui eurent lieu sous les regnes de François II et de Charles IX, il se montra aussi bon Citoyen qu'habile Politique. Mais s'appercevant qu'il devenait inutile à sa Patrie, et odieux à la cour, il se retira à la campagne où il mourut, en 1573, âgé de 68 ans.

Le massacre de la Saint-Barthélemi, lui avait causé, ainsi qu'aux vrais amis de l'humanité, une douleur profonde. Il n'en parlait jamais qu'il ne s'écriât, *excidat illa dies*. On croit même que les horreurs de ce déplorable événement, hâterent sa mort.

L'Hôpital, Auteur de *l'Analyse des infinimens petits*, dans laquelle il dévoile tous les secrets de l'infini géométrique et de l'infini de l'infini. » Ce livre est aussi bien fait que bon. L'Auteur » a eu l'art de faire d'une infinité de choses » un assez petit volume ; il y a mis cette netteté » et cette briéveté d'un homme qui ne veut que » faire penser, et plus soigneux d'exciter les dé- » couvertes d'autrui, que jaloux d'étaler les sien- » nes. » (FONTENELLE).

L'Hôpital mourut en 1704, âgé de 45 ans, avec la réputation d'un des premiers mathématiciens de son siecle.

LOCKE, le Mallebranche de l'Angleterre, avec cette différence toutefois, que la Métaphysique du Philosophe Français, est fortement impreignée de cet esprit théologique qui dégradait tout dans sa Patrie ; et que celle de l'Anglais est relevée par les hautes conceptions de la politique. Métaphysicien dans son *essai sur l'entendement humain*, Locke s'est montré publiciste éclairé dans son *Traité du gouvernement civil*, dans les lois qu'il rédigea pour les Colonies Anglo-américaines, dont il était commis: dans le conseil qu'il donna au Parlement de refondre les monnaies Anglaises, sans en hausser le prix, conseil qui fut heureusement suivi.

Locke était trop Philosophe pour n'être point persécuté ; il le fut par le tyran Jacques II. Il fut même obligé de s'exiler de sa Patrie, où il ne revint qu'à la révolution. Il y vécut en paix, honoré et estimé par ses vertus civiques et sociales, autant que par ses talens, jusqu'à sa mort arrivée en 1704.

LONGIN, Philosophe et Rhéteur Athénien Zénobie, à qui il avait appris la langue le la littérature grecques, le fit son premier ministre. Il dicta en cette qualité la réponse noble et fiere que fit cette princesse à l'Empereur Aurelien. Après la prise de Palmyre, l'an 1015 de Rome, Longin fut condamné à perdre la vie dans des tourmens affreux, qu'il souffrit avec une constance heroïque, en consolant même ceux qui pleuraient autour de lui.

Ce grand homme se distingua également par son goût, par son éloquence et par sa philosophie. De tous ses ouvrages, il ne nous reste que l'excellent *traité du sublime*, traduit par Boileau.

Lulli né à Florence, et mort à Paris.

Il fut le créateur de la musique Française. L'abbé Perrin lui céda en 1672 le privilege de l'opèra, et se retira saintement dans le sein de l'Eglise, pour jouir de ses bénéfices profanes. Le Pape n'excommuniait point alors ce spectacle, parce qu'il était nommé Académie Royale de musique, et que d'ailleurs, il fallait à sa sainteté des Castrati à Rome, pour la délasser des fatigues de la thiare. Ce n'est pas la seule fois que le sacré collége a joué heureusement sur les mots. Lulli prêt de mourir fut visité par son curé, qui prenant à tâche de le convertir, lui parlait de la grâce de Dieu et de la griffe du diable, de la sainteté de l'Evangile, etc. etc., le malade ennuyé lui dit: » ah! M. le Curé, taisez-vous, vous avez la voix » fausse ». Pour cette fois, la décision de l'harmonie l'emporta sur cette cacophonie, et M. le Curé s'en alla.

Lucain aspira à la gloire de l'Epopée, par une route différente de celle tracée par Homère, et suivie par Virgile.

> Le seul Lucain cherchant une autre gloire,
> Sans le secours des Enfers et des Cieux,
> D'un feu divin sait animer l'histoire,
> Et son génie en fait le merveilleux.

Il est un beau que l'artifice énerve ;
Ce beau l'inspire et lui donne le ton.
Qu'a-t-il besoin de Mars et de Minerve ?
Il a César et Pompée et Caton.
Les passions de César et de Rome,
Lui tiennent lieu d'Hécate et d'Alecton.
Le Ciel, l'Enfer, sont dans le cœur de l'homme.

« Parmi les choses qui me blessent dans Lucain » pour être trop poussées, ou qui m'ennuyent pour » être trop étendues, je ne laisserai pas de me » plaire à considérer la juste et véritable grandeur » de ses héros. Je m'attacherai à goûter mot-à- » mot toute l'expression des secrets mouvemens » de César, quand on lui découvre la tête de » Pompée; et rien ne m'échappera de cet inimi- » table discours de Labienus et de Caton, quand » il s'agit de consulter, ou de ne consulter pas » l'oracle de Jupiter-Ammon, sur la destinée de » la République.......

» Tout y est poëtique, tout y est sensé ; non » pas poëtique par le ridicule d'une fiction, ou » par l'extravagance d'une hyperbole, mais par » la noblesse hardie du langage, et par la belle » élévation du discours. C'est ainsi que la poësie » est le langage des Dieux, et que les poëtes sont « sages. Merveille assez grande, et plus grande de « ne l'avoir pu trouver dans Homère, ni dans » Virgile, pour la rencontrer dans Lucain ».

(Saint-Evremond.)

Lucain eut le dangereux honneur de remporter le prix de poësie sur Néron. Ce tyran ne put lui pardonner sa victoire ; et quelque tems après, l'Auteur de la *Pharsale* étant entré dans la conjuration de Pison, reçut ordre de se donner la mort. Il se fit ouvrir les veines dans un bain chaud ; et prononça dans ses derniers momens, les vers qu'il avait faits sur un Soldat qui était mort de la sorte.

Lucain n'était âgé que de 26 ans. Il était neveu de Sénèque.

Lucrèce, épouse de Collatinus, inspira une violente passion au fils de Tarquin. Ce Jeune Prince, après avoir inutilement essayé tous les moyens de séduction, la menaça de la tuer, et avec elle, l'esclave qui la suivait, afin de laisser croire que la mort de l'un et de l'autre était le châtiment de leur crime. Lucrèce succomba à cette crainte; et Sextus, après avoir satisfait son désir, la laissa dans l'amertume de la plus vive douleur. Elle fait appeller à l'instant son père, son mari et toute sa famille, leur fait promettre de venger son outrage, et s'enfonce un poignard dans le cœur, l'an de Rome, 245. Ce poignard et le sang qu'il fit couler, furent le signal de la Liberté Romaine.

C'est anisi que les vertus ou les crimes des femmes, ont amené les plus singulières révolutions qu'ait éprouvées le Globe. C'est ainsi que la modération d'Ulrique rétablit la Liberté en Suède, et que la tyrannique immoralité d'Antoinette, l'a fait naître chez les Francs.

Il n'est pas hors de propos d'observer ici, que Collatinus, Mari de Lucrèce, après avoir aidé puissamment à chasser les Tarquins, s'exila volontairement de Rome, pour dissiper les défiances qu'avait inspirées la parenté qui l'unissait au Tyran.

Nous invitons le Citoyen Egalité à suivre un si bel exemple. Si les projets ambitieux qu'on lui prête, sont destitués de fondement, comme nous aimons à le croire, et s'il veut sincérement la Liberté de sa Patrie; qu'il le prouve, en abandonnant une terre où un Bourbon ne peut exister sans crime pour lui, et sans danger pour la tranquillité publique.

Lycurgue, le premier Législateur qui ait fondé un Gouvernement solide sur l'équilibre des pouvoirs ; le seul homme qui, sorti d'une souche Royale, ait établi la Liberté dans sa Patrie, au moment où il pouvait en être le Monarque absolu ; et le seul aussi, qui ait tellement lié à l'observation de ses Lois, l'existence politique d'un Peuple, que, lorsqu'on les a enfreintes, le Peuple institué par elles, a cessé d'exister.

Lycurgue vivait environ deux siècles avant l'époque des Olympiades.

Lysippe, Sculpteur de Sycione, eut le privilège exclusif de représenter Alexandre. Il étudia principalement la Nature, qu'il rendit avec tous ses charmes. Lysippe laissa plus de six cens ouvrages. Les plus connus sont, l'*Apollon* de Tarente, de quarante coudées de haut ; la statue de Socrate ; celle d'un homme sortant du bain ; Alexandre, suivant ses différens âges ; et les vingt-cinq Cavaliers qui étaient morts au passage du Granique.

M.

Mably, l'un des plus grands Publicistes de ce siècle, et le Prophète de la révolution, disait dans un de ses derniers ouvrages, que lorsque le peuple épuisé ne pourrait plus fournir aux dilapidations d'une cour corrompue, les Parlemens demanderaient les Etats-Généraux, et qu'alors naîtrait un nouvel ordre de choses. L'événement a justifié cette prédiction.

Mably s'est fait un nom par ses écrits politiques ; il nous semble qu'il a de justes droits aux honneurs du Panthéon. Ses *entretiens de Phocion sur les rapports de la morale avec la politique, ses considérations* sur les Grecs, sur les Romains, et ses réponses aux Américains qui l'avaient consultés sur leur constitution etc. : ces différens ouvrages ont répandu une foule d'idées saines et hardies, qui sont entrées dans les élémens de nos lumieres politiques.

Mably est mort en 1785, âgé de 76 ans. L'amour de l'ordre et de la Liberté, la modestie et le désintéressement, formaient son caractere et relevaient ses talens.

Voyez son éloge par Brizard.

MAGELLAN, Navigateur Portugais, après s'être distingué par sa bravoure et son intelligence dans les Indes Orientales, ne pouvant obtenir les récompenses qui lui étaient dues, offrit ses services à Charles-Quint, pour la conquête des Moluques. Ayant obtenu cinq vaisseaux, il prit sa route vers l'occident, et découvrit le détroit qui porte son nom entre la terre de Feu et l'extrémité sud de l'Amérique. Il déboucha dans la grande mer qu'il nomma Pacifique ; ensuite cinglant vers le sud-ouest, il découvrit les îles Marianes où ils fut tué, dit-on, par le Roi de Zaba qu'il avait aidé à faire la guerre à celui de Matan.

MALHERBE, Poëte-Lyrique, mort en 1628, âgé de 72 ans.

Enfin Malherbe vint ; et le premier en France,
Fit sentir dans les vers une juste cadence,
D'un mot mis en sa place enseigna le pouvoir,
Et réduisit la muse aux regles du devoir.
Par ce sage Écrivain la langue réparée,
N'offrit plus rien de rude à l'oreille épurée,
Les Stances avec grace apprirent à tomber ;
Et le vers sur le vers n'osa plus enjamber.
Tout reconnut les Lois ; et ce guide fidelle,
Aux Auteurs de ce tems sert encore de modele,
Marchez donc sur ses pas ; aimez sa pureté ;
Et de son tour heureux, imitez la clarté !

(BOILEAU.)

Malherbe avait pour maxime que » la poésie ne
» doit pas être un métier ; (*ce qui est très-vrai*)
» qu'étant faite pour nous procurer de l'amusement,
» (*ce qui n'est vrai qu'en partie*,) elle ne mérite
» aucune récompense (*ce qui est absolument faux*).
» Il ajoutait qu'un bon Poëte n'est pas plus utile
» dans un état qu'un bon Joueur de quilles ». Ce qui
est très-faux encore ; car la poésie doit avoir également pour but de plaire et d'instruire.

Omne tulit punctum qui miscuit utile dulci,
Lectorem delectando, pariterque monendo.

Ainsi un Poëte qui joint l'instruction à l'agrement, a bien plus de pouvoir sur l'esprit des hommes, que le plus habile Moraliste : témoin Homere, dont les Poëmes ont toujours été regardés comme un Code complet de politique et de vertus.

Le Chantre d'Agamemnon
Sut nous tracer dans son livre,
Mieux que Chrysippe et Zenon,
Le chemin que l'on doit suivre.

(Rousseau.)

Et dans ce cas, il est faux que la poésie ne mérite aucune récompense. Nous dirons plus ; les récompenses ne peuvent pas avilir un Poëte, lorsqu'elles sont le prix de services rendus à la Patrie et à l'humanité.

Mallebranche, le plus grand Métaphysicien de son siecle, passa long-tems pour un sot, parce que ni la Mithologie, ni la Critique, ni la Chronologie, ni les Langues n'avaient pu se classer dans sa tête. A 26 ans, il lut, pour la premiere fois, le Traité de l'*Homme*, de Descartes : et dès ce moment, il se crut Philosophe. Les progrès de sa nouvelle Education furent si rapides, qu'à l'âge de 36 ans, il mit au jour *la Recherche de la vérité*.

Si Mallebranche fut venu 50 ans plus tard, il aurait cherché et trouvé de plus importantes vérités. Il n'aurait point écrit métaphysiquement sur l'*infini*, *créé*, sur le *Péché Originel* et sur la *Transubstantation* ; il n'eût pas vu tout en Dieu ; et on n'aurait point dit de lui, qu'il était un grand Ecrivain en philosophie, plutôt qu'un grand Philosophe.

Mallebranche mourut en 1715, la même année que Louis XIV et Fénélon, et dans un âge avancé.

Mansard, fameux Architecte, avait des idées nobles et magnifiques pour le dessin général d'un édifice, et un goût exquis et délicat pour tous les membres de l'architecture qu'il y employait ; ses ouvrages ont embelli Paris et ses environs. C'est lui qui a inventé cette sorte de couverture que l'on nomme *mansarde*. Il mourut en 1666, âgé de 68 ans.

Son neveu a fait la place des Victoires, et le dôme des Invalides.

Manuce, nom de trois célebres Imprimeurs Italiens, qui tous ont vécu dans le 16.eme siecle, qui tous ont laissé des livres d'érudition écrits en latin avec beaucoup de pureté. Ils se sont principalement exercé sur Homere, sur Cicéron et sur Horace. Le dernier mourut à Rome en 1595, après avoir été obligé de vendre sa Bibliotheque amassée à grands frais par son pere et son ayeul, et composée de 80 mille volumes. Alde-Manuce fut le premier qui imprima le Grec correctement et sans beaucoup d'abréviations.

Marcellus surnommé *l'épée de la République* comme Fabius, son collégue dans le consulat, en avait été appellé le *bouclier*, mérita ce titre par sa valeur et par son activité.

Aspice ut insignis spoliis Marcellus opimis
Ingreditur, victorque viros supereminet omnes.

Hic rem romanam, magno turbante tumultu,
Sistet equos: sternet pœnos, gallumque rebellem,
Tertiaque arma patri suspendet capta quirino.
(VIRG.)

Marcellus prit Syracuse après un siége de trois ans. Opposé ensuite à Annibal, il ne cessa de fatiguer ce grand Capitaine par des attaques imprévues, et le vainquit deux fois sous les murs de Nole. Mais il fut surpris et tué dans un troisieme combat, l'an de Rome 547.

Un tribun jaloux de sa gloire, l'avait accusé devant le Peuple; Marcellus quitte l'armée, vient à Rome, et se justifie par le seul récit de ses exploits; moyen qui réussit depuis à Scipion, et qui réussira toujours à un Général victorieux, lorsqu'il viendra lui-même plaider sa cause devant le tribunal du public. Le lendemain de sa justification, Marcellus fut élu consul pour la cinquieme fois.

MASSILLON, le Racine de la Chaire. Son *Petit-Carême* est tout à la fois un modèle d'Eloquence et le chef-d'œuvre de la Prose Française. Dans cet ouvrage, l'Orateur s'est élevé au-dessus de son siecle par les vérités hardies qu'il y a semées. C'est-là qu'on trouve le dogme de la souveraineté des peuples, mais enveloppé de nuages qu'il n'était pas encore permis de percer. Jamais l'Eloquence ne prêta mieux ses embellissemens au langage de la politique et de l'humanité. Jamais homme ne fut plus digne que Massillon d'être le sévere Précepteur des Rois.

Mais, ce Massillon si terrible et si tonnant, lorsque placé dans une chaire, il gourmandait le vice et prêchait la vertu, était dans la Société un homme doux, et plein de condescendance pour les faiblesses humaines. Aussi quelqu'un lui disait-il un jour: *votre Morale m'effraie, mais votre conduite me rassure.*

Elevé à l'Episcopat, Massillon se fit aimer de tous ses diocésains, excepté des Convulsionnaires qui ne le trouvant pas assez décidé en faveur du Diacre Pâris et des miracles de Saint-Médard, le déchirerent pieusement dans leurs feuilles périodiques.

On a remarqué comme une chose extraordinaire qu'il n'éleva point ses parens, et qu'il pratique la vertu de la résidence; c'est-à-dire, en bon Français, qu'il dédaigna de ramper dans les anti-chambres des ministres, ou dans les boudoirs de leurs maîtresses; et qu'il ne mangea point avec les *Filles de Paris, le patrimoine des pauvres Auvergnats.*

Massillon mourut en 1742, âgé de 79 ans. Il était né à Hieres dans la ci-devant Provence.

Ménandre est regardé comme l'Auteur de la nouvelle Comédie. Bien différent d'Aristophane qui déchirait sans ménagement les Citoyens les plus intégres, il assaisonne ses pieces d'une plaisanterie douce, fine et délicate. Il a servi de modèle à Terence. Il ne nous reste que quelques fragmens de 108 Comédies qu'il avait composées.

Ménandre mourut la quatrieme année de la cent huitieme olympiade, à 52 ans.

Metastase, le Dramaturge del'Italie moderne, faisait, dès l'âge de dix ans, de jolis Impromptus et d'agréables Chansonnettes; son talent précoce le fit connaître au célebre Gravina, qui prit soin de son éducation; et changea son nom de *Trapesso* en celui de Metastase, qui en Grec signifie la même chose. Sa réputation s'étant bientôt répandue, Charles VI l'attira à Vienne et le nomma Poëte impérial. Nous rapportons ce trait, non pour laisser croire que ce titre honorât Metastase, ou ajoutât à ses talens, mais pour prouver que l'odieuse maison d'Autriche a toujours été aussi avide de louanges que de conquêtes ; et certes Metastase ne fut point ingrat.

Ce Poëte a composé un grand nombre de tragédies lyriques et de petits Drames qui ont été mis en musique. Il est le premier Italien qui ait soumis l'opéra à des regles, et qui l'ait dépouillé des machines et du merveilleux qui éblouissaient les yeux sans parler au cœur.

Metastase mourut à Vienne, en 1782, âgé de 84 ans, après avoir eu le *bonheur* de recevoir une visite de Pie VI, lorsque ce grand Muphti alla sur les bords du Danube faire le pas de *clerc*, que tout le monde connaît.

Il était né à Assise, Patrie de François le Fondateur des Besaciers, de cet homme rare, qui, pour me servir des expressions d'un Evêque de Belley, « nourrissait tous les jours avec une » aulne de toile, plus de 40 mille fainéants ». Metastase et François sont à coup sûr deux saints d'un genre bien différent ; et on pourrait dire du premier comparé au second, ce que Voltaire disait du juif Bernard, mis en parallele avec Bernard le Reclus.

Bien plus grand Saint, faisant plus grands
miracles.

Metézeau, Architecte Français s'est immortalisé par la fameuse digue de la Rochelle, ouvrage qui avait 747 toises de longueur. On grava dans le tems le portrait de Metézeau avec ces vers au bas.

Dicitur Archimedes terram potuisse movere :
Æquora qui potuit sistere, non minor est.

Métius, Hollandais, inventa les lunettes d'approche vers l'an 1608, et voici comment il fit cette découverte. Métius vit des écoliers qui en jouant en hiver, sur la glace, se servaient de leurs écritoires comme de tubes, et qui ayant mis en badinant des morçeaux de glace au bout de ces deux tubes, étaient fort étonnés de voir que, par ce moyen, les objets éloignés se rapprochaient d'eux. L'habile Artiste profita de cette observation et inventa aisément les lunettes d'approche. Son fils Adrien Métius, célebre mathématicien, détermina le rapport du diametre à la circonférence.

Michel-Ange Buanorati, mort à Rome, en 1564, est sans contredit le plus grand Artiste de l'Univers. Toute analyse serait inutile et froide. Son nom seul peint l'honneur et la gloire de son art sublime.

Mignard, fameux Peintre, né à Troye en 1610, mort à Paris en 1695. Ce nom qui fut donné par Henri IV à son pere, à cause de la beauté de son visage, peint le genre de talent de son fils. Il avait coutume de dire qu'il regardait les paresseux comme des hommes morts.

Miltiade sauva la Grece et s'immortalisa par la victoire de Marathon. Une amende et la prison furent la récompense de ses services. Athènes jalouse de sa Liberté, accusa Miltiade d'avoir traité avec les Perses dans sa malheureuse expédition de Paros ; et le vainqueur de Mardonius fut jeté dans une prison où il mourut bientôt après, des suites d'une blessure.

Les Monarchiens ont argué de l'injustice de Rome et d'Athènes envers les plus grands hommes, pour calomnier le Gouvernement Démocratique. A les en croire, le vrai mérite n'est bien reconnu et bien récompensé que dans une Monarchie; il ne trouve sa sûreté que sous l'égide d'un *Maître*. Mais en leur accordant cette proposition, qui n'est pas généralement vraie, il reste encore à décider, si la Société entière doit être sacrifiée à la gloire d'un de ses membres ; si une Nation a besoin, pour être libre et heureuse, qu'un ministre ou un Capitaine acquierre une réputation et un ascendant funestes à la Liberté ; enfin si la considération d'une injustice individuelle, ne disparait point devant celle de l'intérêt général. Or nous ne pensons pas qu'un homme raisonnable reste long-tems indécis sur ces différens points.

Milton, ardent Républicain et Poëte sublime. Sa doctrine contre les Rois, recueillie par Mirabeau, offre ce que l'époque actuelle a produit de plus véhément et de plus vrai sur les *Mangeurs d'hommes*. Milton servit la Liberté comme Controversiste, comme Politique, et comme Secrétaire du parti Républicain.

Ce fut dans l'obscurité de sa retraite, après le rétablissement de la royauté en Angleterre, qu'il composa son *Paradis Perdu*, ouvrage sublime et bizarre tout à la fois, qui, méprisé dans sa naissance, ne fut mis que long-tems après la mort de l'Auteur, à côté de l'Iliade et de l'Énéïde.

Vous élevez, vous enchantez mon ame,
Rapide Homère, audacieux Milton ;
Torrens mêlés de fumée et de flamme,
A ce mélange en vain préfére-t-on
La pureté d'un goût pusillanime ;
Du char brulant du Dieu qui vous anime,
Si vous tombez, c'est comme Phaëton ;
Et votre chûte annonce un vol sublime.

(Marmontel).

Milton, mourut en 1674, affligé de la cécité ; et c'est un rapport qu'il eût avec Homère.

Mindana partit du Pérou avec Mendoce en 1567, et découvrit les îles célebres que leurs richesses firent nommer les îles de Salomon, mais qu'on n'a pu retrouver. Vingt-huit ans après, il repartit avec Quiros ; et se trouvant entre le 9 et le onzieme parallèles austral, il découvrit les îles qu'il nomma les *Marquises*, du nom d'Isabelle de Mendoce qui était sur l'Escadre ; plus à l'ouest il découvrit les îles Saint-Bernard ; à plus de 200 lieues de celle-ci, l'île Solitaire, l'île Sainte-Croix, située par le 140e degré de longitude Orientale de Paris. La flote navigua delà aux îles Mariannes, enfin aux Philippines, où Mindana ne put arriver ; on ne sait point ce que devint son navire.

Moliere, le plus grand Poëte - Comique qui ait existé.

Tu réformas et la ville et la cour ;
Mais quelle en fut la récompense ?
Les Français rougiront un *jour*,
De leur peu de reconnaissance.
Il leur fallut un Comédien,
Qui mit à les polir, sa gloire et son étude ;
Mais, Moliere, à ta gloire il ne manquerait rien,
Si, parmi les défauts que tu peignis si bien,
Tu les avais repris de leur ingratitude.

(Bouhours.)

Moliere mourut en 1673, âgé de 53 ans.

Monime, une des plus illustres victimes de la beauté, était née à Milet dans l'Asie mineure. Le fameux Mithridate n'ayant pu séduire sa vertu, la demanda en mariage et l'obtint de ses parens.

Il daigna m'envoyer ce gage de sa foi (*)
Ce fut pour ma famille une suprême loi.
Il fallut obéir. Esclave couronnée,
Je partis pour l'hymen où *j*'étais destinée.

Cet hymen ne fut ni heureux ni de longue durée. Mithridate ayant été forcé de se retirer chez Tigrane, après avoir perdu deux sanglantes

(*) Le Bandeau.

batailles contre Lucullus, et craignant que ses femmes ne tombassent entre les mains des vainqueurs, leur envoya signifier qu'il fallait mourir. La tendre et infortunée Monime essaya de s'étrangler avec le bandeau royal; et ne pouvant en venir à bout, elle présenta son sein au fer des assassins.

Et toi fatal tissu, malheureux diadême,
Instrument et témoin de toutes mes douleurs!
Bandeau que mille fois j'ai trempé de mes pleurs,
Au moins en terminant ma vie et mon supplice
Ne pouvais-tu me rendre un funeste service?
A mes tristes regards, va, cesse de t'offrir;
D'autres armes sans toi sauront me secourir;
Et périsse le jour et la main meurtriere,
Qui jadis sur mon front t'attacha la premiere.

(Racine.)

Montagne, le premier Français Philosophe, et le premier dans l'Europe moderne, qui ait douté.

Plus ingénu, moins orgueilleux,
Montagne sans art, sans systême,
Cherchant l'homme dans l'homme même,
Le connaît et le peint bien mieux.

Voici la définition que ce Philosophe donnait de l'Amitié. » Si on me presse de dire pourquoi *je* » l'aimais (la Boëtie), *je* sens que cela ne se peut » exprimer qu'en répondant, parce que c'était lui, » parce que c'était moi ».

Montagne mourut en 1592, âgé de 59 ans. Nous renvoyons nos Lecteurs à ses *essais*. Ils y trouveront l'histoire de sa vie, le tableau de ses sentimens.

Montausier, le Caton de son siecle, fut choisi

pour être Gouverneur du Dauphin, fils de Louis XIV. Il parla toujours à ce Prince en homme vertueux qui sacrifiait tout à la vérité et à la raison. Lorsqu'il eût cessé ses fonctions, il dit au Dauphin. » Si vous êtes honnête homme, vous m'aimerez ; » si vous ne l'êtes pas, vous me haïrez, et je m'en » consolerai ». De tels hommes étaient rares à la cour de Louis XIV.

Si on veut connaître à fond le caractère de Montausier, on peut consulter l'Oraison funèbre qu'en a fait Flechier ; et principalement, l'Eloge de Garat. Montausier avait épousé la fameuse Julie d'Angennes, tant célébrée par Voiture, et pour laquelle Chapelain fit cette piece si connue sous le nom de *Couronne Impériale*.

Montesquieu, un des hommes que la révolution a fait descendre de la hauteur où les avait placés d'abord l'opinion publique. Il doit cette disgrace à son affection pour le système de la noblesse héréditaire. Mais quel est l'homme qui a secoué entiérement le joug des préjugés ? Convenons au moins que *l'Esprit des Loix* est un des plus beaux monumens de l'esprit humain ; et qu'il n'a pas peu contribué à la révolution. *Les Lettres Persanes* ont ébranlé l'empire du fanatisme ; et les *Considérations sur les Romains*, nous ont fait connaître (1) l'esprit d'un Peuple assez peu étudié jusqu'alors. En général, rien de médiocre n'est sorti de la plume de Montesquieu ; et lorsque des Régions élevées de la politique, il a voulu descendre dans les champs fleuris

(1) S. Evremond a fait sur le génie du Peuple Romain des réflexions pleines de sagacité, qui étonnent dans un siecle aussi peu philosophe que celui de Louis XIV. Il est aisé de voir que Montesquieu les connaissait. On peut comparer le travail de ces deux hommes célebres.

de la Littérature, il a montré par son *Poëme de Guide* qu'il était fait pour manier le luth d'Anacréon

Ce Grand Homme mourut en 1755, âgé de 66 ans, révéré de l'Europe entiere, et cher à sos amis, mais odieux aux Bigots.

Il n'est pas inutile d'observer, pour l'instruction de nos Contemporains, que Montesquieu n'a *jamais* été qu'un simple Président au Parlement de Bordeaux; tandis que les hommes les plus ineptes occupaient les premieres places de la Magistrature, et que des courtisans sans étude et sans lumières représentaient le roi leur *Maître*, auprès des Puissances Etrangères. En Angleterre, dans cette île célebre dont il a tant vanté la Constitution, il eût été Chancelier ou Ministre, comme Bacon, Adisson et Mansfield. *Voilà la différence.*

MORNAI, l'ami d'Henri IV, et l'un des hommes les plus vertueux et les plus habiles du parti Calviniste.

Non moins prudent ami, que philosophe austere,
Mornai sut l'art discret de reprendre et de plaire.
Son exemple instruisait bien mieux que ses discours;
Les solides vertus furent ses seuls amours;
Avide de travaux, insensible aux délices,
Il marchait d'un pas ferme au bord des précipices.
Jamais l'air de la cour, et son soufle infecté
N'altéra de son cœur l'austere pureté,
Belle Aréthuse, ainsi, ton onde fortunée
Roule au sein furieux d'Amphitrite étonnée,
Un cristal toujours pur, et des flots toujours clairs,
que jamais ne corrompt l'amertume des Mers.

(VOLTAIRE.)

Lorsque le tyran et fanatique Louis XIII, entreprit la guerre contre ceux des Français qui ne disaient ni Messes, ni Chapelets, ni Bréviaires,

Mornai lui écrivit pour l'en détourner, et lui dit entr'autres choses : » l'autorité consiste dans l'obéissance paisible du peuple ; elle s'établit par la » prudence, et par la justice de celui qui gouverne. » La force des armes ne se doit employer que contre un ennemi étranger ». Veut-on savoir quel fut le prix de ces remontrances ? Mornai perdit le gouvernement de Saumur, que lui avait donné Henri IV.

Morosini, Vénitien, surnommé le *Péloponésiaque*, et l'un des plus grands hommes qui aient existé, se signala contre les Turcs, dès l'âge de 20 ans. Nommé Généralissime après plusieurs actions glorieuses, il défendit en cette qualité, l'Isle de Candie. Il y soutint près de 56 assauts, plus de 40 combats souterrains, et éventa les mines des assiégeans près de 500 fois. Le Grand Visir tenta vainement de le corrompre, en lui offrant de le faire Hospodar de Valachie et de Moldavie. Enfin il capitula au bout de 28 mois, en 1669. Dans la guerre de 1684, Morosini remporta sur les Turcs des victoires signalées, conquit le Péloponnèse, et presque toute la Grece. Tant de succès le firent élire Doge, en 1688, et Généralissime, pour la quatrieme fois, en 1693, quoiqu'âgé de 75 ans. Enfin, après avoir battu plusieurs fois les flottes des Turcs, il mourut de fatigue, en 1694, dans le cours de ses triomphes.

Quelques années auparavant ses concitoyens lui avaient érigé une statue d'airain, avec cette inscription bien éloquente : *à François Morosini, le Péloponésiaque, encore vivant*. Morosini méritait cette distinction par ses talens dans la guerre, et par ses vertus patriotiques dans la paix.

N.

Néarque, Amiral Macédonien, fut envoyé par Alexandre sur la mer des Indes. En cotoyant les bords depuis l'embouchure de l'Indus, il parvint jusqu'à Ormus, dans le Golfe Persique, et rejoignit Alexandre, en remontant l'Euphrate.

On a de lui une relation curieuse de sa navigation jusqu'à Babylone. Néarque est après Pythèas, le seul Navigateur connu de l'antiquité, qui ait fait sur l'Océan une course d'une certaine étendue.

Newton, le Génie le plus hardi peut-être, qui ait existé, surprit le secret de la Nature, et le révéla aux mortels.

Sibi gratulentur mortales
Tale tantum que extitisse
Humani generis decus.

Telle est la fin de l'Epitaphe gravée sur le magnifique tombeau qui lui a été élevé dans l'Abbaye de Westminster.

Sa Théorie du Monde passe pour le plus grand effort de l'esprit humain : et quoiqu'elle ait été combattue par plusieurs Philosophes, entr'autres, par l'intéressant Auteur des *Etudes de la Nature*, elle domine aujourd'hui sur tous les autres systêmes.

Newton mourut en 1727, à 85 ans, emportant les regrets et la vénération de l'Europe entière.

Voyez son *Eloge* par Fontenelle.

O.

Octavie, également célebre par sa beauté, par ses vertus et par ses infortunes, fut la sœur du tyran Auguste, et l'épouse du crapuleux Antoine. Lâchement abandonnée par ce dernier, elle se vengea de ses infidélités, en élevant avec le plus grand soin, les enfans qu'il avait eus de Fulvie. La mort précoce de *Marcellus*, de ce fils qui donnait les plus grandes espérances, mit le comble à ses malheurs; et si quelque chose put la consoler de cette perte, ce fut la touchante Elégie dont Virgile honora la mémoire de ce jeune Romain.

Ostendent terris hunc tantum fata, neque ultra
Esse sinent. Nimium vobis romana propago
Visa potens, superi, propria hæc si dona fuissent.,
Nec puer iliaca quisquam de gente latinâ
In tantum spe tollet avos : nec Romula quondam
Ullo se tantum tellus iactabit allumno.
Heu pietas, heu prisca fides invicta que bello
Dextera! . . . .
Heu miserande puer, si qua fata aspera rumpas;
Tu Marcellus eris. Manibus date lilia plenis :
Purpureos spargam flores. . . . . .

Virgile lut ces beaux vers devant Auguste et Octavie; lorsqu'il en fut venu à ces mots : *tu Marcellus eris*. » Tu seras Marcellus », la tendre Octavie s'évanouit, et l'on eut beaucoup de peine à lui rendre l'usage du sentiment.

Cette mere infortunée ne survécut pas long-tems à son fils; elle mourut de chagrin, l'an 746 de Rome; et le deuil public présida à ses funérailles.

Olympe Ségur, Bordelaise, illustre par ses vertus conjugales, résolut de tirer son mari du Château Trompette, où il était prisonnier. Elle l'alla voir, et lui persuada de prendre ses habits et sa coiffure. Cette entreprise lui réussit si bien, que son époux sortit le soir sous ce déguisement, sans être reconnu des gardes. Elle demeura comme en ôtage pour lui, et sortit ensuite, emportant l'admiration de tout le monde.

P.

Pascal, fameux Auteur des *Lettres Provinciales*, de ce livre où l'Eloquence et la dialectique se prêtent un mutuel secours, de ce livre qui a versé tant de ridicule sur l'école d'Ignace, et qui en a préparé de loin l'anéantissement, de ce livre enfin qu'on lira *toujours*, quoique les causes qui l'ont produit n'aient plus d'intérêt pour nous, et que la Théologie ait succombé sous les attaques de la raison et de la saine politique.

Mais ce n'est pas tant comme Ecrivain, que nous considérons ici Pascal, que comme géomètre et physicien; et sous ces deux rapports, il étonna son siecle si fécond en mérite. Dès l'âge de 12 ans, sans maître, sans livres, et par la seule force de son génie, il parvint jusqu'à la trente-deuxieme proposition d'Euclide. A seize ans, il publia un *traité des sections coniques* que Descartes attribua à Pascal le pere, ne voulant pas croire qu'il fut la production du fils. A dix-neuf ans, il inventa la *roulette*, cette machine d'arithmétique par laquelle on fait toute sorte de supputations sans plume et sans jettons, et même sans savoir l'arithmétique. De la géométrie passant à la physique, Pascal exécuta à l'âge de 23 ans les expériences de Toricelli, sur le vide. Quelques années après, au milieu des vives douleurs d'un mal de dent, il trouva la solution du problême de la Cicloïde, c'est-à-dire, de la ligne courbe que décrit en l'air le clou d'une roue, quand elle roule de son mouvement ordinaire.

Que n'eût point fait cet homme étonnant, s'il eût fourni une plus longue carriere? Et si une fausse humilité, compagne éternelle du papisme, n'eût arrêté son génie au milieu de ses créations? Pascal était né à Clermont-Ferrand, et il mourut à Paris, en 1661, à l'aurore du grand siecle, dit, de Louis XIV.

Par la nature instruit, prodige dès l'enfance,
Son esprit créateur devina la science
Des calculs et des mouvemens;

De l'homme et de Dieu même interrogea l'essence,
Connut l'art des bons mots et l'art de l'éloquence.
Admirez et pleurez...... il mourut à 30 ans.

(LAHARPE.)

PAUL-EMILE, Consul Romain, ayant perdu avec son Collegue Terentius-Varron, la funeste bataille de Cannes, ne voulut point survivre à la honte de sa Patrie.

............, Animæque magnæ
Prodigum, pœno superante, Paulum.

(HORACE.)

Son fils beaucoup plus illustre que lui, triompha de Persée, et réduisit la Macedoine en province Romaine. Mais il eut la faiblesse d'optempérer aux ordres sanguinaires du Sénat, en démolissant 70 places de l'Epire qui avaient favorisé l'ennemi, et em emmenant plus de 150 mille captifs. Cet acte d'inhumanité est blâmé avec raison par le sage Plutarque; car aucune autorité ne peut forcer l'homme à être injuste et cruel.

Au reste, Paul-Emile donna dans cette guerre, plus d'une preuve de sa sensibilité; il pleura sur les malheurs de Persée, il le consola par ses caresses; il était de la secte des Stoïciens qui attribuaient à une nécessité fatale tous les événemens de la vie.

Paul-Emile était aussi désintéressé que sensible et modeste; et de tous les trésors de Persée, il ne conserva que sa Bibliotheque.

Il mourut l'an de Rome 584.

PÉLOPIDAS, Ami et compagnon d'armes d'Epaminondas, fut le Chef de la Conjuration qui délivra les Thebains du joug des Lacédémoniens.

Dans la guerre contre Alexandre, tyran de Pherès, son armée était moins forte que celle de l'ennemi. On l'en avertit : *tant mieux*, répondit-il, *nous en battrons un plus grand nombre*. Ces paroles inspirerent une telle ardeur aux Thébains, qu'ils remporterent la victoire. Mais leur Général fut tué, la premiere année de la cent quatrieme Olympiade.

Pélopidas joignait aux talens du Guerrier et de l'homme d'Etat, les vertus du Citoyen ; il ne fut surpassé que par Epaminondas, son digne coopérateur, et le plus grand homme peut-être, qu'ait produit l'antiquité.

Penn, Législateur de la Pensylvanie. Les Cortez, les Pisarres et autres brigands subalternes, n'avaient porté aux paisibles Américains, que le fer et les vices de l'Europe ; un Quaker leur porta les vertus et l'industrie. L'humanité fut consolée ; et Penn mérita de servir éternellement de modele à ceux que la philanthropie conduira dans les contrées éloignées de l'Europe (1).

---

(1) Les iles de la mer du Sud offrent un vaste champ aux spéculations de la philanthropie et de la politique ; et si jamais il se présenta une circonstance favorable pour les réaliser, c'est assurément celle où la révolution a tourné les esprits vers les grandes choses ; où une infinité de Citoyens errent parmi nous sans industrie et sans propriétés, et demandent une Patrie qui leur assure la subsistance.

Les Auteurs de cet Ouvrage, s'étaient convaincus long-tems avant la Révolution, que la politique et la philosophie faisaient un devoir aux Français, de réparer par de nouvelles Colonies la perte de la Louisiane et du Canada. Ils s'étaient persuadés

Rendons grace aux farouches persécuteurs des Quakers ; c'est à eux que l'on doit *la ville des Frères*, et l'abolition de l'esclavage sur un sol qui en fut long-tems souillé. Fondateurs de Colonies, n'oubliez jamais que Penn acheta des Indigènes, les terres que lui avait cédées le Cabinet de Saint-James ; et qu'il expia par cet acte de justice, l'insultante donation du Gouvernement, et les usurpations antérieures de ses Compatriotes.

Mais le dirons-nous ? Penn devenu vieux, vendit à la Couronne, une terre qu'il avait peuplée d'hommes Libres et vertueux. Nous voudrions pouvoir effacer de sa vie et de l'histoire des Peuples, ce traité avilissant et cruel. Les intentions de Penn étaient pures sans doute ; et la politique ne manquerait pas de raisons pour justifier sa conduite, si un Législateur vertueux, si un ami des hommes pouvait jamais se justifier d'avoir vendu ses semblables.

Penn, après une telle violation de ses principes, n'était plus digne de vivre en Amérique ; aussi resta-t-il en Europe, où il mourut, en 1718.

---

persuadés aussi qu'un établissement dans les Isles de la mer du Sud, produirait le double avantage de civiliser les Australiens, et de continuer avec succès les recherches du Capitaine Cook.

Fortement pénétrés de cette double vérité, ils se proposent de publier dans le courant de l'année, un Prospectus, où, en démontrant l'utilité d'un Établissement à la New-Zélande, ils inviteront tous les hommes Libres de la France et des Contrées voisines, à seconder par des souscriptions volontaires, une entreprise aussi glorieuse pour l'Europe, que favorable à la Liberté universelle.

PERGOLESE né à Naples, en 1706.

Il passe avec raison, pour un des plus grands Musiciens qu'ait produits l'Italie. Sa musique, dit Lacombe, fait continuellement tableau; elle parle à l'esprit, au cœur et aux passions. Il mourut en finissant le dernier verset du Stabat, regardé unanimement comme son chef-d'œuvre. La religion doit beaucoup à de tels Artistes. Avec quel plaisir, avec quel transport n'allait-on pas admirer une Marie peinte par un Rubens, et chantée par un Pergolese. Le clergé dont la politique connaissait à fond les hommes, ne payait avec profusion les talens que parce qu'il savait combien son intérêt propre y gagnait.

PERICLÈS. La vertu l'accusera sans doute d'avoir introduit la corruption à Athènes. Elle lui reprochera ses complaisances pour Aspasie, et les guerres qui en furent la suite. Mais ses talens politiques et guerriers, mais son éloquence et la protection éclairée dont il favorisa les Arts; mais son zèle pour la gloire de sa Patrie, et enfin ses malheurs publics et domestiques, l'absoudront en partie aux yeux de la postérité.

On n'oublira jamais l'aveu qu'il fit à l'article de la mort: « il n'y a pas un seul citoyen à « qui j'aie fait prendre le deuil ». Quel est l'homme d'état qui, après une administration de quarante années, oserait tenir un pareil langage, sans crainte de se voir démenti par ses contemporains et par l'âge suivant?

Périclès mourut de la peste, la quatrieme année de la quatre-vingt-septieme olympiade, et la troisieme de la guerre du Péloponnèse.

PERRAUT

De méchant Médecin devint bon Architecte.

La belle façade du Louvre du côté de Saint-

Germain-l'Auxerrois, l'Observatoire, et les grands modeles de l'arc de triomphe au bout du faux-bourg Saint-Antoine, l'ont placé au rang des premiers Architectes de son siecle. Sa traduction de Vitruve a mis le comble à sa gloire.

Cet habile Artiste mourut en 1688, âgé de 75 ans. Il était frere de Charles Perraut, Auteur du *parallele des anciens et des modernes*.

Petrarque. Le vulgaire ne voit dans cet illustre Italien, que l'amant de Laure, et un faiseur de Madrigaux. Mais l'homme éclairé admire en lui un Ecrivain supérieur à son siecle, le Restaurateur des Lettres et le Pere de la poësie italienne.

Petrarque eut toutes les qualités qui sont l'appanage des cœurs sensibles et amoureux ; il fut plein de droiture, de franchise et de probité. Il se montra constamment le même dans la bonne et la mauvaise fortune ; et l'amitié le trouva toujours fidelle.

Il mourut en 1374, âgé de 70 ans.

Phidias, célebre Sculpteur Athénien, avait fait une étude particuliere de tout ce qui avait rapport à son talent. Il possédait surtout l'Optique, qui lui fut très-utile dans plusieurs occasions. Ses principaux ouvrages étaient une Némesis, Déesse qui avait pour fonction, d'humilier les hommes superbes, c'est-à-dire, les Brunswick et les Hohenloe. Phidias la fit d'un bloc de marbre que les Perses, c'est-à-dire, les Autrichiens, Prussiens et Emigrés de ce tems-la, avaient apporté pour ériger un trophée.

Mais l'ouvrage le plus parfait de l'antiquité, et le chef-d'œuvre de Phidias, est son Jupiter Olympien. On croit qu'il en avait puisé l'idée dans Homère, et surtout dans cette image frappante où l'Auteur de l'Iliade, représente Jupiter ébranlant l'Olympe, d'un signe de sa tête.

. . . . *nutu tremefecit olympum.*

Cet ouvrage attira bien des persécutions à Phidias ; il fut accusé d'avoir détourné l'or qu'on y avait destiné. Mais Phidias avait prévu l'accusation ; et par le conseil de Périclès, son Admirateur et son Ami, il avait adapté l'or de telle maniere qu'on pouvait l'en détacher, sans nuire à la statue. Ce fut ainsi qu'il confondit ses envieux et ses ennemis.

PHILOPÉMEN, Général de la Ligue Achéenne, a été surnommé le dernier des Grecs. Lui seul balança par son génie la fortune des Romains, et la puissance des Macédoniens. Il eut la gloire (si toute fois c'en est une) de s'emparer de Sparte, dont il rasa les murailles, et d'abolir les loix de Lycurgue. Après avoir remporté des victoires signalées sur les Etoliens et sur les Messeniens, il tomba entre les mains de ces derniers qui s'en défirent par le poison, la premiere année de la 148e. olympiade. Sa mort porta un coup mortel à la ligue des Achéens.

Philopemen eut les vertus d'Epaminondas qu'il avait pris pour modele. Comme lui, il fut simple dans l'extérieur, désintéressé, prudent à délibérer et à résoudre, mais actif et audacieux à exécuter. On ne peut lui reprocher qu'une certaine violence de caractère, que la Philosophie et les Lettres n'avaient point adoucie.

PHOCION, le dernier grand homme de guerre, et l'un des personnages les plus vertueux qu'ait produits la République d'Athènes. On peut le regarder comme le Caton des Grecs. Il eut cette austérité de mœurs, cette infléxible probité, et cet amour pour la Patrie, qui distinguerent depuis, Caton d'Utique. Mais il eut au-dessus de lui les talens militaires, ou plutôt il se trouva plus à même de les exercer. Comme le Caton des Romains, il périt avec la Liberté ; mais avec cette différence, que Caton d'Utique disposa lui même de sa vie ; et que Phocion reçut la mort des mains de ses concitoyens.

C'est dans Plutarque qu'on peut se former une juste idée du caractère et des actions de ce grand homme. Nous y renvoyons nos Lecteurs.

Pindare, le plus grand Poëte-Lyrique des Grecs ; Horace nous a tracé les différens caractères de son génie dans cette Ode.

Monte decurrens velut amnis, imbres
Quem super notas aluere ripas,
Fervet, immensusque ruit profundo
Pindarus ore.
Laureâ donandus Appollinari,
Seu per audaces nova dithyrambos
Verba devolvit, numerisque fertur
Lege solutis ;
Seu Deos Regesque canit, Deorum
Sanguinem, per quos cecidêre justâ
Morte Centauri, cecidit tremendæ
Flamma chimæræ ;
Sive, quos Elea domum reducit
Palma cœlestes ; pugilemve, equumve
Dicit, et centum potiore signis
Munere donat ;
Flebili sponsæ Juvenemve raptum
Plorat ; et vires, animumque, moresque
Aureos educit in astra, nigroque
Invidet Orco.

Pindare mourut la première année de la 85.e Olympiade. Il avait joui pendant sa vie d'une grande considération ; et telle était long-tems après sa mort, l'estime attachée à son nom, qu'à la destruction de Thebes, le féroce Alexandre conserva la maison et la famille de ce Poëte.

Platon, le plus Eloquent des Philosophes, et l'un des plus grands Politiques de l'antiquité,

C'est lui qui le premier a présenté le gouvernement démocratique, comme le seul digne de l'homme. C'est aussi de lui que l'on tient cette belle sentence : *que les peuples ne seront heureux que lorsque leurs Rois seront philosophes, ou qu'ils auront des Philosophes pour Rois.* Marc-Aurèle est le seul qui jusqu'à présent ait justifié Platon; et Marc-Aurèle vivait, il y a seize siecles.

Platon, mourut âgé de 81 ans, la premiere année de la 108 olympiade ; ses talens lui mériterent l'admiration de son siecle ; son amour pour la vérité, la haine des Rois ; et ses qualités civiles et sociales, l'estime de ses Concitoyens.

Pline, le Buffon des Romains, et l'un des hommes le plus laborieux de l'antiquité, est principalement connu par son *histoire naturelle.* « Il » a travaillé sur un plan bien plus grand que » celui d'Aristote, et peut-être trop vaste : il a » voulu tout embrasser, et semble avoir mesuré » la nature, et l'avoir trouvée trop petite encore » pour l'étendue de son esprit......Ce qu'il y a » d'étonnant, c'est que dans chaque partie, Pline » est également grand. L'élévation des idées, » la noblesse du style relevent encore sa pro» fonde érudition. Non-seulement il savait tout » ce qu'on pouvait savoir de son tems ; mais » il avait cette facilité de penser en grand, qui » multiplie la science. Il avait cette finesse de » réflexion, de laquelle dépendent l'éloquence » et le goût; et il communique à ses lecteurs » une certaine liberté d'esprit, une hardiesse » de penser qui est le germe de la philosophie ».

(Buffon.)

Lors de l'éruption du Vésuve, l'an de Rome 831, Pline qui commandait une flotte à Misène, ayant voulu observer ce terrible phénomene, fut suffoqué par les flammes, à 56 ans.

On peut voir dans une lettre de Pline le jeune, à Tacite, tous les détails de ce malheureux événement, ainsi que le catalogue des nombreux ouvrages composés par son oncle.

Plutarque, Historien et Philosophe Grec.

« Montagne a trouvé beaucoup de rapport entre » Plutarque et Séneque, tous deux grands Philosophes, grands Prêcheurs de sagesse et de vertu : » tous deux Précepteurs d'Empereurs Romains : » l'un plus riche et plus élevé ; l'autre plus heureux dans l'Education de son Disciple (*Trajan*); » les opinions de Plutarque sont plus douces et plus » accommodées à la Société : celles de Séneque plus » fermes selon Montagne, plus dures et plus » austeres, selon moi ».

« Plutarque insinue doucement la sagesse, et » veut rendre la vertu familiere dans les plaisirs même. Séneque ramene tous les plaisirs à » la sagesse, et tient le seul Philosophe heureux. » Plutarque naturel et persuadé le premier, persuade aisément les autres : l'esprit de Séneque se » bande et s'anime à la vertu ; et comme si celui » était une chose étrangere, il a besoin de se surmonter lui-même. . . .

» Les vies des hommes illustres sont le chef-d'œuvre de Plutarque, et à mon jugement, un » des plus beaux ouvrages du monde. Vous y » voyez ces grands Hommes exposés en vue et retirés chez eux-mêmes ; vous les voyez dans la » pureté du naturel, et dans toute l'étendue de » l'action. . . . Il y a une force naturelle dans le » discours de Plutarque qui égale les plus grandes » actions ; mais il n'oublie, ni les médiocres, ni » les communes, et il examine avec soin le train » ordinaire de la vie. Ses comparaisons me paraissent véritablement fort belles : Mais je pense » qu'il pouvait aller plus avant, et pénétrer davantage, dans le fonds du naturel ». (*S. Evremond.*)

Plutarque fut chargé par ses Concitoyens, des commissions les plus importantes, soit à Rome, soit dans la Grece; et il s'en acquitta avec autant de zèle que de probité. Les premieres charges de sa Patrie, furent la récompense de ses services.

De toutes les traductions de Plutarque, que nous avons en notre Langue, la plus intéressante, est celle d'Amiot. Nous en récommandons la lecture aux Jeunes Francs.

Polybe, né à Mégalopolis dans l'Arcadie, reçut de son pere Lycortas les premieres leçons de la politique; et Philopemen fut son maître dans l'art de la guerre. Il se distingua dans plusieurs expéditions militaires; et fut l'ami de Scipion Emilien, qu'il suivit au siége de Numance. Il eut la douleur de voir sa Patrie reduite en province romaine; et la consolation d'adoucir les maux de ses concitoyens par son crédit.

Polybe avait composé une Histoire Universelle en 40 livres; mais il ne nous en reste que 5 entiers, avec quelques fragmens des autres. Brutus faisait tant de cas de cet ouvrage, qu'il le lisait au milieu de ses plus grandes affaires, et dans le tumulte des camps. Les hommes d'état et les militaires ne sauraient trop le lire.

Polybe mourut à 82 ans, la 4.e année de la 144 Olympiade.

Polyclète, le plus grand Sculpteur de l'Antiquité, vivait sous la 44.e Olympiade. Il avait représenté un garde des Rois de Perse, où toutes les proportions du corps humain étaient si heureusement observées, que de toutes parts on venait consulter cette figure comme un modele achevé: ce qui la fit appeller par tous les connaisseurs la *Règle*.

Polus, célèbre Acteur Athénien, et contemporain de Périclès. Son jeu fut tellement estimé, qu'il gagnait un talent par jour. Mais ajoute l'Historien qui nous a transmis ce fait, sachant que le surplus est un crime, lorsqu'il est des malheureux qui manquent du nécessaire, il rendait aux pauvres ce que son art arrachait aux riches ; et par cette conduite généreuse et sublime, il mérita l'amour de ses Concitoyens.

Pompée, le plus grand Capitaine de son siecle, après César, s'éleva dans les guerres civiles, c'est-à-dire, à une époque où tous les hommes se mettent à leur place. Général d'armée et victorieux à l'âge de 23 ans, sa vie ne fut qu'une suite de triomphes ; et les trois parties du Monde connu alors, furent tour-à-tour le théâtre de ses exploits. Mais vers la fin de ses jours, il succomba sous le génie et sous la politique de César. Vaincu par lui à Pharsale, il fut tué en Egypte par les ordres d'un Roi aussi lâche que perfide.

Il est difficile de deviner ce qu'aurait fait Pompée, s'il fut demeuré vainqueur ; mais il est certain qu'il eut plus de vertus que César. Celui-ci aspira toute sa vie à être le maître de sa Patrie. Pompée semblat ne vouloir en être que le premier Citoyen. C'est le témoignage que lui rend l'Antiquité.

Pope, le plus grand Poëte qu'ait produit l'Angleterre, et l'un de ces génies heureux qui n'ont point eu d'enfance. A douze ans, il fit une Ode sur la vie champêtre, que ses compatriotes mettent en parallele avec les meilleures odes d'Horace. A 14 ans, il traduisit quelques morceaux de Stace et d'Ovide, et il ne resta point inférieur à ses modeles. A 16, il composa des Pastorales dignes de Théocrite et de Virgile. Mais ce n'était-là que des préludes. A 21 ans, il mit au jour son *Essai sur la Critique*. Dans sa Traduction de l'Iliade et de l'Odyssée, on trouva la richesse, la force et la majesté de l'Homere Grec. *L'Essai sur l'homme*, mit le comble à sa réputation.

Considéré dans ses rapports avec ses semblables, Pope eut toute sa vie, les armes à la main contre ses ennemis qui étaient en grand nombre, et auxquels il décocha dans la Dunciade, les traits les plus méchans et les plus acérés. Du reste, il était bon parent et ami solide ; et ses liaisons avec Swift, Warburton, Bolingbrook, etc., donnent une idée avantageuse des qualités de son cœur.

Ce grand Poëte mourut en 1744, âgé de 56 ans.

Porcie, digne fille de Caton d'Utique, épousa en secondes noces Marcus-Brutus son cousin, et se rendit illustre par son esprit et par son courage. Soupçonnant qu'il se tramait une conspiration contre César, et que son mari en était le chef, elle se fit elle-même une grande et douloureuse blessure. Brutus lui demanda la raison d'une si étrange conduite ; *c'est*, répondit-elle, *pour me donner la mort, en cas que vous succombiez dans votre entreprise*. Brutus ayant perdu la bataille et la vie aux champs de Philippe, elle avala des charbons ardens dont elle mourut, l'an 712 de Rome.

Protogène fut contemporain et rival d'Appelles. Le trait suivant prouvera mieux que l'énumération de ses travaux, l'estime dont jouissait ce grand Peintre. Démétrius ayant assiégé la ville de Rhodes, ne voulut point mettre le feu à un quartier de la place, quoique ce fut le seul moyen de s'en emparer, parce qu'il apprit que c'était en cet endroit que Protogène avait son attelier.

Observons que nos conquérans modernes, *si pleins de civilisation et d'amour pour les beaux arts*, se piqueraient peu d'une pareille délicatesse ; et que Brunswick-*Poliorcetes* (il a pris . . . . . Verdun), s'il était venu jusqu'à Paris, n'aurait guère respecté les atteliers des Lebrun, des David, etc.

Le tableau le plus renommé de Protogène, était l'*Ialyse*, chasseur fameux, qui passait pour être le fondateur de Rhodes.

Ptolomée, Mathématicien de Péluse, vivait sous l'empire d'Adrien et de Marc-Aurèle, au second siécle de l'empire. Son système dans lequel il place la terre au centre de l'univers, a été universellement reçu jusqu'à la fin du seizieme siecle, où les savans l'ont abandonné pour suivre celui de Copernic. Le principal ouvrage de Ptolomée est son *Almageste*. On y trouve un catalogue des étoiles fixes, qu'il fait monter à 1022; ainsi que la démonstration du mouvement de ces étoiles.

Publicola, mérita ce beau nom par son attachement aux intérêts du Peuple. Il fut un des fondateurs de la République Romaine, et s'illustra autant par sa sagesse et par ses loix, que par le nombre de ses victoires.

Plutarque le considérant comme Législateur, plutôt que comme Guerrier, l'a comparé avec Solon.

Puget fut comme Bernin, Peintre, Sculpteur et Architecte; mais il est plus connu sous la seconde de ces qualités. Il a fait les groupes de *Milon* de *Crotone* et de *Persée délivrant Andromède*, placée à l'entrée du Parc de Versailles.

Puget, mourut en 1695, âgé de 62 ans. Il donna lui-même une idée de son talent et de ses travaux dans les expressions suivantes. *Je me suis nourri aux grands ouvrages. Je nage quand j'y travaille, et le marbre tremble devant moi, pour grosse que soit la pièce.*

Pythagore. Ce n'est point l'inventeur du système de la Métempsycose, que nous considérons dans ce Philosophe; c'est le Moraliste

Bienfaiteur de l'humanité : c'est le grand Géometre et l'habile Astronome.

L'Italie ou la grande Grece, fut le théâtre de ses travaux et de ses leçons ; il y appaisa les guerres et les séditions ; et eut beaucoup de part au gouvernement de Crotone, de Tarente, de Metaponte, etc. Il s'attacha surtout à détruire le libertinage, *Concubitus prohibere vagos*, et à consacrer la sainteté du mariage.

Comme Géometre, il inventa la fameuse démonstration du *quaré de l'Hypothénuse*. Comme Astronome, il devina le vrai système du monde, tel qu'il a été depuis enseigné par Copernic, et par Galilée ; ou plutôt il l'apporta en Europe ; car si l'on en croit Bailly, ce système était connu en Asie, lorsque Pythagore parcourut cette partie du globe.

Pythagore, Ami de la Liberté, comme tous les vrais Philosophes, ne se détermina à fixer son séjour dans la grande Grece, que lorsqu'il vit sa Patrie soumise à Policrate ; il préféra l'indépendance aux caresses du tyran.

On croit qu'il mourut presque centenaire, vers la soixante-dixieme Olympiade.

Pythéas, Philosophe Marseillais et Contemporain d'Aristote, s'est rendu célebre par son Voyage au Nord. Il parcourut toutes les côtes de l'Océan, depuis Cadix jusqu'à l'embouchure du Tanaïs. il observa qu'à mesure qu'il s'avançait vers le Pôle, les jours s'allongeaient au solstice d'été ; et qu'à l'île de Thulé, le soleil se levait presqu'aussitôt qu'il s'était couché ; ce qui arrive en Islande et sur les côtes correspondantes de la Norwege. On lui doit la découverte de l'île de Thulé, et de la distinction des climats par la différente longueur des jours et des nuits. Ses ouvrages ne sont point venus jusqu'à nous.

Q.

Quiros, Navigateur Espagnol, découvrit en 1606, la terre australe du Saint-Esprit, dans la mer du Sud. On croit aussi qu'il a reconnu les îles qu'on appelle aujourd'hui, de la *Société*. Cook rend hommage à la sagacité de ce célebre Marin.

R.

Rabelais, l'esprit le plus original et le plus indépendant peut-être, qui aît paru en Europe. Ses Histoires de Gargantua et de Patagruel, sont la Satyre de tous les préjugés, de tous les ridicules (1) et de tous les despotismes. Mais cette Satyre est sans acrimonie ; elle est assaisonnée d'une gaieté piquante, que releve encore la naïveté du langage.

Si on en croit Voltaire, *Rabelais est un Philosophe ivre, qui n'a écrit que dans le tems de son ivresse.* La Bruyère le juge bien plus favorablement. (*Voyez* ses Caractères).

N'oublions pas une Anecdote qui fait connaître les sentimens religieux de Rabelais. Il était au lit de la mort, lorsqu'un Prêtre lui apporta le Viatique, et lui dit : *Voici votre Seigneur qui vient vous visiter. Ah!* répondit le Philosophe mourant :

---

(1) Pour se moquer du jargon de la Scholastique, il met ce singulier argument dans la bouche de Maître Jeannot. *Omnis clocha clochabilis in clocherio clochando clochativo, clochans clochare facit clochas clochabiliter clochantes : Parisinus habet clochas : ergo, gluc*..............

Je le reconnais à sa monture. Cependant Rabelais avait été successivement Cordelier, Bénédictin, Chanoine et enfin Curé de Meudon.

RACINE.

Peintres du cœur, n'en soyez point *jaloux* :
C'est votre Maître, il vous surpasse tous.

(MARMONTEL.)

Le chagrin d'avoir déplu à Louis XIV, le conduisit au tombeau. L'Auteur de *Phèdre* et *d'Atalie*, expia ainsi la profanation qu'il avait faite de son art sublime, en le faisant servir à pallier les crimes d'un Despote, ou à relever ses vertus équivoques.

Racine mourut en 1699, à l'âge de 60 ans.

RAMEAU, l'Orphée Français, mort en 1764, à 82 ans. Après avoir accoutumé l'oreille à entendre sa musique, il accoutuma les pieds à l'exécuter. Il est peut-être le premier à qui nous devons de la Musique, un Orchestre et des Danseurs. Parmi tous les ennemis que son mérite lui suscita, les Tartufes du siecle le poursuivirent avec plus d'acharnement. Ils lui reprocherent d'avoir ranimé par ses talens l'art presque éteint des Pylades et des Baltydes. Mais Rameau en homme instruit, leur prouva par l'Ecriture, que son art était d'institution divine. En effet, Moïse dansa après le passage de la mer rouge ; les Filles de Silo dansaient innocemment, lorsque les Jeunes Garçons de la Tribu de Benjamin les enleverent de force, sur l'avis des Juges d'Israël. David dansa devant l'arche, comme tout le monde sait.

Les Hébreux qui avaient l'humeur à la danse, firent un veau d'or, et se mirent à danser autour. Cette transgression de la Loi fut suivie d'un massacre expiatoire, Moïse fit égorger 23 mille de ses Freres. Mais, a oute Rameau, Moïse fut par trop cruel; il aurait dû casser les violons pour la première fois; car en bonne *justice*, il faut proscrire la cause d'abord, pour ensuite corriger les effets.

Tout dansait dans la Nature. Les Egyptiens dansaient les Astres. Les Grecs, les Romains, ect., dansaient, les Dieux, la guerre, l'amour et toutes les passions. L'Education que Lycurgue institua à Lacédémone, était une dissipation continuelle. Il faisait danser dans les temples, dans les bois, dans les campagnes. Aussi les Jeunes Spartiates dansaient-ils en voyant l'ennemi; et on remarque que si dans l'Attique, les Prêtres firent moins de mal que partout ailleurs, c'est qu'ils intriguaient moins et dansaient davantage.

Mais le vrai triomphe de la danse, c'est le crédit dont elle *jouissait* parmi les Chrétiens de la primitive Eglise. Dans ces heureux tems d'innocence et de piété, les Prêtres et tous les Fidelles s'assemblaient saintement dans le temple pour y danser avec ferveur; les Evêques même, pour l'édification de leurs ouailles, ouvraient le Bal et donnaient l'exemple.

Brandon, le véridique Brandon affirme que, vers le milieu du dernier siecle, on voyait les compatriotes de Porceaugnac danser dans l'Eglise de S. Léonard, en chantant: *San Marciau pregas per nous, et nous epingareu pér bous.*

Tandis que le Pape Sixte IV écrivait sur le futur contingent, et canonisait Bonaventure le Franciscain, le Cardinal Camerlingue, son Neveu, lui donnait dans le château S. Ange, de fort jolis ballets qu'il composait lui-même. Pendant ce temslà, le Saint-Pere oubliait de persécuter les Vénitiens; et c'était autant de pris sur les maux de l'intolérance. Henri IV aimait la danse; et c'est, peut-être sous son regne, dit Cahusac, que les Français ont le plus dansé, et se sont le mieux battus. Enfin, c'est en dansant, que nous plantons l'arbre de la Liberté, tandis que nos ennemis sont battus par-tout en disant leur Bréviaire.

RAMUS célebre Grammairien du seizieme siecle, lutta toute sa vie contre les préjugés de l'école, et fut enveloppé dans le massacre de la Saint-Barthelemi, moins, parce que ses opinions religieuses sentaient un peu le Calvinisme, que parce que la supériorité de son esprit lui avait mérité l'honorable haine des Pédans de l'Université.

Ramus joignait à de grands talens, un cœur noble et sensible. Il était le Pere et le Bienfaiteur de ses Eléves, et distribuait généreusement son revenu à ceux d'entr'eux qui en avaient besoin. Ajoutons un dernier trait qui prouve l'élévation de ses sentimens.

Catherine de Médicis ayant voulu lui persuader de se rendre en Pologne, pour prévenir en faveur du Duc d'Anjou, les Peuples de cette contrée; Ramus lui répondit que l'éloquence n'était pas mercenaire; et refusa la mission de désigner, pour roi, aux braves Sarmates, le digne fils de la lubrique et féroce Catau.

Nous ne parlerons point de ses ouvrages de Grammaire, qui sont en grand nombre; mais nous observerons qu'on lui doit la distinction du J et du V consonnes, de L' I et de l' U voyelles.

RAPHAEL, est de tous les Peintres Italiens, et par conséquent de l'Europe moderne, celui qui a réuni le plus de parties. Son Tableau de la *Transfiguration* passe pour le chef-dœuvre de la peinture. Que n'eût point fait ce grand Artiste, si une mort prématurée ne l'eût enlevé à l'âge de 37 ans. (1530.)

RÉAUMUR, habile Naturaliste, Observateur infatigable, excellent citoyen, et l'un de ces hommes qui ont fait servir les sciences au bonheur de l'humanité. Quatre importantes découvertes lui ont acquis des droits éternels à la reconnaissance des Francs ; 1°. Il parvint à convertir le fer forgé, en acier de telle qualité qu'il le voulait, et même à adoucir le fer fondu. 2°. Il trouva l'art de faire de la porcelaine ; et contrefit même celle de Saxe. 3°. Il construisit un nouveau Thermomètre par le moyen duquel on peut conserver toujours et dans toutes les expériences, des degrés égaux de chaud et de froid. 4°. Enfin, il donna l'art de faire éclore et d'élever les poulets et les oiseaux, comme il se pratique en Egypte, sans faire couver les œufs.

Peuple Franc, honore la mémoire de Réaumur. Cet homme rare t'a fait plus de bien, que tous ces prétendus hommes d'Etat, qui naguere dans le conseil du Monarque, ou dans les cours Etrangères, se disaient les arbitres de ta destinée, et trafiquaient de tes sueurs, lorsqu'ils ne pouvaient faire couler ton sang.

Réaumur, ce grand Bienfaiteur de l'humanité, lui fut enleve en 1757, à 75 ans.

Regnard, Poëte-Comique Français. « Qui ne » se plaît point aux Comédies de Regnard, dit » Voltaire, n'est pas digne d'admirer Molière ».

La gaieté est le caractère dominant des pieces de Regnard. Voici les principales de celles qui sont restées au Théâtre : le *Joueur*, les *Ménechmes*, le *Distrait*, le *Légataire universel*, *Démocrite*, etc., toutes en cinq actes.

Regnard mourut de chagrin, en 1709, âgé de 62 ans. Outre ses Comédies, on a de lui un *Voyage en Laponie*.

Regulus, un de ces hommes rares, qui n'éxisent que pour la Patrie, et pour qui l'intérêt de la Patrie est tout. L'échange des prisonniers, proposé par les Carthaginois, était approuvé du Sénat Romain. Il conservait à la République un Défenseur et un Citoyen vertueux ; mais l'honneur et l'intérêt de la Patrie re[j]ettaient cette mesure ; et Régulus retourna à Carthage, où l'attendaient des tourmens affreux.

Voyez sur ce noble dévouement, l'Ode d'Horace, qui commence par ces mots, *Cœlo tonantem*, etc.

Richardson, le plus grand des Romanciers, était Anglais. On ne connaît point les particularités de sa vie ; mais il est l'Auteur de Clarisse, de Grandisson et de Pamèla ; c'est en dire assez. Ces Ouvrages supposent une étonnante fécondité de génie, joint à un grand fond de morale, de sentiment et d'observations. Ils doivent être le Bréviaire des hommes sensibles ; et malheur à celui qui, après les avoir lus, ne deviendrait pas plus ami de la vertu, ou ce qui est la même chose, plus vertueux.

Richardson est mort au milieu de ce siècle.

Riquet conçut et exécuta le projet du fameux Canal de Languedoc, pour la communication de l'Océan et de la Méditerranée. Ses descendans ont trouvé apparemment le nom de Riquet un peu trop bourgeois ; car les uns, Robins de profession, s'intitulaient ci-devant *Barons* de *Bonrepos*, et les autres, Spadassins de leur métier, se faisaient appeller *Comtes* de Caraman. Mais le nom de Riquet passera à la postérité. Les noms de Bonrepos et de Caraman ou de Caraman et de Bonrepos, très-connus dans les Villages de Bonrepos et de Caraman, le sont assez peu au 49e. degré de Latitude ; et nous ne pensons pas qu'il en soit fort question en Europe ; peut-être même n'y seraient-ils pas connus du tout, sans l'émigration de ceux qui les portent.

Au reste, un de nos Correspondans, sur la véracité duquel tout le monde peut compter, nous écrit de Coblentz, que Monsieur le Baron de Bonrepos, persuadé, comme nous le sommes, que les noms doivent être significatifs, vient de prendre celui de *Malrepos*, plus analogue à sa nouvelle situation.

Le même Correspondant ajoute que Monsieur le Comte de Caraman, jugeant d'après son nom, que la Caramanie était l'ancien patrimoine de sa Famille, vient d'en réclamer la restitution auprès de la Sublime Porte. Il compte beaucoup sur la protection de la Sultane Validé, du Bostangi-Bachi, du Mupthti et de tous les gens de l'Ulèma. Cette Caramanie sera, dit-on, un excellent pied-à-terre pour les Emigrés; en attendant qu'ils puissent vomir dans le Département des Bouches-du-Rhône, ces flots tumultueux de Chevaliers qu'a soulevés notre Révolution.

Riquet mourut à Toulouse, en 1680.

Roggewin, Amiral Hollandais, parti du Texel avec trois vaisseaux, entra dans la mer du Sud par le cap Horn, et découvrit d'abord l'île de Pâques, ensuite vers le quinzieme et le seizieme parallele austral, les îles Pernicieuses, où il perdit un de ses vaisseaux; les îles Aurore, Vespres, le Labyrinthe composé de six îles et l'île de la Recréation où il relâcha. Au douzieme parallele, il découvrit trois îles, et deux sous le onzieme. Navigeant ensuite le long de la New-Guinée, il vint aborder à Batavia, où ses vaisseaux furent confisqués. Il repassa en Hollande sur les vaisseaux de la compagnie, et arriva au Texel le 11 Juillet 1723, un an et 320 jours après son départ du même lieu.

On peut voir dans lss voyages de Cook les

conjectures de ce Navigateur sur les découvertes de Roggewin.

ROLLIN, Homme vertueux, Ecrivain éloquent, Instituteur habile et zélé, en un mot, le Quintilien de la France.

Non loin delà Rollin dictait
Quelques leçons à la Jeunesse ;
Et quoiqu'en robe on l'écoutait,
Chose assez rare à son espèse.

(VOL. *Temple du goût.*)

Cet homme estimable mourut en 1741, à 81 ans.

ROSCIUS, célèbre Acteur, mort l'an de Rome 693. Cicéron, son Ami et son Admirateur, disait de lui : « il plaît tant sur le théâtre, qu'il ne » devrait jamais en descendre ; il a tant de pro» bité, qu'il n'aurait jamais dû y monter ». Ce sentiment de Cicéron, prouve que les grands hommes même secouent difficilement le joug des préjugés.

Saint-Augustin reproche hautement aux Romains leurs contradictions : « vous instituez, dit-il, » des fêtes en l'honneur de vos dieux ; vous y » mêlez du spectacle, vous honorez les Auteurs, » et vous tachez d'infamie ceux qui les représen» tent ; soyez donc conséquens ».

ROUSSEAU, le Pindare Français.

O vous, dont la fiere harmonie,
Egala ses superbes sons,
Qui reviviez dans son génie,
Formé par vos seules leçons ;

Manes d'Alcée et de Pindare,
Que votre suffrage répare
La rigueur de son sort fatal ;
Dans la nuit du séjour funèbre,
Consolez son ombre célebre,
Et couronnez votre rival.

(POMPIGNAN.)

Rousseau mourut à Bruxelles, en 1740, âgé de 79 ans.

ROUSSEAU.

JEAN-JACQUES ROUSSEAU
NÉ
CITOYEN DE GÉNÈVE, EN 1712 ;
ET DEPUIS
PAR UNE NOBLE ABDICATION DE CE TITRE,
DEVENU COSMOPOLITE ;
LE PLUS ÉLOQUENT,
LE PLUS PARFAIT ÉCRIVAIN
DU MONDE CONNU, ANCIEN ET MODERNE ;
PHILOSOPHE
PERSÉCUTÉ PAR LES SOI-DISANT TELS ;
AMI
DE LA VÉRITÉ,
APÔTRE
DE LA VERTU ;
RESTAURATEUR
DES DROITS ET DES PLAISIRS DE L'ENFANCE ;
RELIGIEUX
DANS LA SIMPLICITÉ DE L'ÉVANGILE ET DE SON COEUR ;
CYNIQUE
ENVERS LES VICES,
ENVERS LA FAUSSETÉ DU SIÈCLE ;
PATIENT
DANS L'ADVERSITÉ ;
ADMIRABLE
DANS LA PAUVRETÉ ;

BON HOMME
DEVANT LES PETITS;
HOMME
DEVANT LES GRANDS;
D'UN ESPRIT PACIFIQUE
D'UNE AME SENSIBLE ET ARDENTE;
POLITIQUE
LUMINEUX ET PROFOND;
IMPLACABLE ENNEMI
DE L'OPPRESSION ET DE LA TYRANNIE;
RÉPUBLICAIN
COMME CATON;
CITOYEN
COMME ARISTIDE;
AMANT
DE LA NATURE;
INGÉNIEUX
DANS LA CULTURE DES SCIENCES,
SURTOUT DANS CELLE DE LA MUSIQUE;
DOUX
DANS LA SOCIÉTÉ PRIVÉE;
ENFIN
PUR
D'AME, D'ESPRIT ET DE COEUR,
ET DIGNE
D'UNE MEILLEURE RACE D'HOMMES.
IL EST MORT
LE 2 JUILLET . . . 1778.

(*Fabre d'Eglantine.*)

RUBENS, le Raphaël des Peintres Flamands, né à Cologne, en 1577, mort à Anvers, en 1640. Les ouvrages de ce grand maître sont répandus par-tout. En Flandre la religion lui doit beaucoup, car c'est en partie pour la légéreté et la grace de son peinceau, qui représente sous les traits les plus séducteurs, les Vierges, les Enfans Jésus, les Saints et les Saintes du Paradis, que le Flamand adore de bonne foi les jolis minois de Rubens; tandis que les autres peuples détestent cordialement les mêmes portraits peints en Squélettes et en Pénitens, par les moines et les prêtres de tous les pays. Et la raison, c'est que le génie de l'un, en suivant la nature, produit tout ce qu'il veut; tandis que l'ineptie des autres, prenant la route inverse, n'excite que l'ennui, le dégoût et la pitié.

Ruyter, le plus grand homme de mer qu'ait produit la Hollande, se signala successivement contre tous les peuples maritimes de l'Europe et de l'Afrique. Il mit le comble à sa réputation dans la guerre que fit à sa République, le despote Louis XIV. En 1672, il remporta une victoire complète sur les deux rois de France et d'Angleterre. L'année d'après, il livra trois batailles navales aux mêmes ennemis. Enfin en 1676, il fut tué dans un combat contre les Français, ou plutôt contre Louis XIV, sur les côtes de la Sicile. Ses défaites même avaient ajouté à sa gloire.

Ruyter commença par être Mousse, et s'éleva par son mérite et ses longs services, au grade de Lieutenant-Amiral, le plus éminent après celui d'Amiral qui est réservé au Stathouder.

S.

Sadi, Fabuliste et Philosophe Persan, vivait vers l'an 1190 de l'ère Chrétienne. Comme Esope, il fut Esclave; et comme Socrate, il eut beaucoup à souffrir de la mauvaise humeur de sa femme. On a conservé plusieurs de ses moralités et de ses réponses. Un de ses amis fut tout-à-coup élevé à une grande place; et tout le monde s'empressait de le complimenter. Sadi fut le seul qui n'alla point le voir; et il répondit à ceux qui en paraissaient surpris « la multitude va chez lui à cause » de sa dignité; moi je n'y irai que quand il » ne l'aura plus; car je crois que j'y irai seul.

Un Derviche s'était retiré dans la Société des Sages. Quelle différence, demandait-on à Sadi, trouvez-vous entre un Sage et un Derviche? » tous deux, répondit-il, traversent un grand » fleuve à la nage avec plusieurs de leurs frères: » le Derviche s'écarte de la troupe, pour nager » plus commodément, et arrive seul au rivage; » le Sage au contraire, nage avec la troupe, et » tend quelquefois la main à ses frères ». Cet Apologue prouve que les Moines de toutes les religions se ressemblent; à moins que Sadi n'ait voulu parler des Moines Chrétiens, qu'il avait été à portée de connaître à Tripoli de Syrie, où il fut long-tems prisonnier des Français.

Saint-Pierre, un des premiers Philosophes Français, dont les travaux aient eu pour but d'améliorer le sort de l'espèce humaine, et l'un des premiers encore qui aient dénoncé le Tiran Louis XIV, au tribunal de la raison et de l'humanité. Les frivoles esprits de son siècle appelerent ses conceptions philanthropiques, *les rêves d'un homme de bien*. Mais ces rêves se sont réalisés en partie; et la postérité a confirmé le titre honorable que ce Philosophe reçut de ses Contemporains. N'oublions pas d'observer qu'on lui doit le terme de *bienfaisance*. Il ne lui fut pas difficile de le trouver, il le puisa dans son cœur; et nous osons le dire; lui seul était digne d'enrichir ainsi notre langue.

L'Abbé de Saint-Pierre était trop Philosophe pour n'être point en butte à la persécution. *L'empourpré* Polignac lui fit un crime d'avoir censuré l'Administration de Louis XIV; et le vertueux Philanthrope fut exclus de l'Académie Française.

Ses Ouvrages ne sont guère lus aujourd'hui, et le seront encore moins dans la suite, parce que le style n'en est point agréable; l'Auteur s'étant plus occupé des choses que du méchanisme du du langage ; et parce que ses idées sont devenues populaires. Mais le souvenir en restera ; et la philanthropie qui les a produites, sera toujours l'objet de notre vénération.

Le nom de Saint-Pierre semble spécialement consacré à la vertu. Un Calésien qui le portait, se dévoua pour ses Concitoyens à la superbe vengeance d'Edouard. Et la République possède encore l'intéressant Auteur *des Etudes de la Nature.* Puisse le génie de l'humanité nous envier long-tems le triste ministère de placer dans notre Calendrier, le nom de Bernardin-St-Pierre !

Mais que ce Philosophe nous permette de lui adresser quelques reproches patriotiques sur le refus qu'il a fait de siéger parmi les Représentans de la Nation. Lorsque ses vertus, son génie et le vœu du Peuple Franc l'y appellaient, quelle puissante considération a pu l'emporter dans son cœur sur l'intérêt public ? Une santé faible et chancelante, et l'amour du repos seraient-ils une excuse suffisante ? Et St-Pierre pourrait-il l'alléguer ? Non sans doute, car le Philosophe se doit tout entier à sa Patrie ; disons mieux, il se doit au genre humain ; et c'est la cause du genre humain qu'agitent les Représentans du Peuple Franc.

Saintrailles, Capitaine du quinzieme siecle, sous les regnes de Charles VI et de Charles VII, contribua beaucoup à chasser les Anglais de la Guienne et de la Normandie. Le Bâton de Maréchal fut la récompense de ses services ; mais il lui fut enlevé par Louis XI, ce farouche ennemi du mérite. Saintrailles ne survécut guère à cet affront. Il mourut en 1467. Son courage était comme son caractere, franc, noble et décidé.

Scævola, un de ces esprits magnanimes que

la Liberté fait éclore, jugeant que la vie de Porsenna était incompatible avec le salut de la République naissante, pénètre dans la tente de ce Roi, pour le sacrifier au génie de la Liberté; mais sa main l'ayant trompé, il la porta sur un brasier ardent, et la laissa brûler, regardant fièrement Porsenna-Guillaume, et ne répondant aux questions dont on l'accablait que ces mots sublimes : *Je suis Romain.*

Ainsi lorsqu'on apprit que le Despote de Berlin avait souillé de sa présence le territoire des Francs, le nom de Mutius Scævola fut répété parmi le bouches, et son courage invoqué dans toute l'étendue de l'empire. Sans doute, cet intrépide Républicain aurait trouvé parmi nous des imitateurs, si le sort eût voulu que Frédéric-Guill.., vint profaner à Paris le siége des Représentans du Peuple.

SCIPION

. . . . .Geminos, duo fulmina belli,
Scipiadas, cladem libyæ. . . . . .

Ce nom rappelle ce que les exploits guerriers ont de plus éclatant, ce que les vertus privées ont de plus estimable, et ce que l'injustice populaire a de plus odieux.

Scipion l'Africain et Scipion Emilien ont légué ce nom à l'admiration de tous les siècles.

SÉGRAIS, le seul Poëte de notre Nation, qui ait enflé avec succès le chalumeau de Théocrite et de Virgile ; et le seul qui ait saisi dans l'Eglogue, ce goût antique qu'il n'est pas aisé de définir, mais que tout le monde sent.

Comme cette assertion pourrait se changer en paradoxe au jugement de ceux qui ne connaissent Segrais que par ses mauvaises Traductions des Géorgiques et de l'Enéïde, nous allons citer ici quelques morceaux de ses Eglogues. Ils serviront de pieces justificatives.

(Extrait de la Premiere Eglogue.)

Sous ces feuillages verds, venez, venez m'entendre.
Si ma chanson vous plaît, je vous la veux apprendre.
Que n'eût pas fait Iris pour en apprendre autant ?..
Iris que j'abandonne, Iris qui m'aimait tant ? . . .
Climène, il ne faut pas mépriser nos bocages ;
Les Dieux ont autrefois aimé nos paturages ;
Et leurs divines mains, aux rivages des eaux
Ont porté la houlette et conduit les troupeaux. . .

(Imitation de Virgile.)

O les discours charmans! ô les divines choses,
Qu'un jour disait Amire, en la saison des roses !
Doux zéphirs, qui régniez alors dans ces beaux lieux,
N'en portâtes vous rien aux oreilles des Dieux ?

(*Imitation de l'Ode d'Horace*, Vitas hinnuleo, etc.)

Aminte, tu me fuis, et tu me fuis, volage,
Comme le Fân peureux de la Biche sauvage,
Qui va cherchant sa mere aux rochers écartés :
Il craint du doux zéphir les trembles agités :
Le moindre oiseau l'étonne ; il a peur de son ombre,
Il a peur de son ombre, et de la forêt sombre.
Arrête, fugitive ; hé quoi, suis-je à tes yeux
Un Tigre dévorant, un Lion furieux ?
Ce que tu crains en moi, n'est rien qu'une étincelle
Du beau feu qui t'anime et qui te rend si belle.

Il nous semble que Virgile n'a rien écrit de plus naturel et de plus délicat. Cependant il faut convenir que Ségrais a infiniment borné l'Eglogue, en ne la faisant parler que d'amour, et qu'il n'en a pas assez varié les images. Au reste, il n'a point donné dans le bel-esprit comme Fontenelle et Lamotte. Ses bergers ne sont ni des Céladons ni des Courtisans, ni des Petits-Maîtres ; et ils s'expriment ordinairement d'une maniere simple, naturelle et proportionnée à leur état.

Ségrais mourut en 1701, âgé de 77 ans. On croit qu'il a travaillé au Roman de *Zaïde*, un des ouvrages les plus intéressans en ce genre, qu'ait enfantés le siècle dernier.

Senéque, esprit sublime dans le siecle de la dégradation, tempérant au sein des richesses, moraliste sous le regne de la corruption, et Philosophe au milieu d'une cour infâme.

Moins heureux encore qu'Aristote, il ne forma dans Néron, que le fléau du genre humain, et le meurtrier de sa mere et de son précepteur.

L'injustice de sa mort a expié ses faiblesses. *Voyez* l'article *Plutarque*.

Sévigné honora son sexe par les qualités du cœur et de l'esprit. Les *lettres* de cette femme illustre, seront moins lues à mesure que la frivolité disparaîtra du caractère des Francs; mais elles resteront toujours un monument précieux de sentiment, d'urbanité et d'agrémens dans le style.

Sévigné mourut en 1696, âgée de 70 ans.

Voyez son *Eloge* qui a remporté le prix à l'Académie de Marseille.

Shakespéar, le Pere de la Tragédie Anglaise, a prouvé par son exemple dans quels écarts peut tomber le génie, lorsqu'il n'est point dirigé par l'art. « Shakespéar, dit un homme célèbre, a fait » sans le secours des regles, le Monologue admi- » rable d'Hamlet. Dirigé par elles, il n'eût point » fait la scène dégoûtante des *fossoyeurs* ».

Ses pieces les plus estimables, sont *Othello*, *Hamlet*, *Jule-César*, *Mabheeth*, *Henri IV*, *etc.* Elles offrent des traits admirables de génie, mais sans bienséancc et sans régularité.

N'importe, il règne et son peuple l'adore;
Après mille ans il doit régner encore;
Tant le sublime a des droits sur nos cœurs.

(Poeme *des Styles.*)

Ducis a transplanté sur la scène Française quelques unes des pieces de Shakespéar.

Le Corneille Anglais mourut en 1616, âgé de 52 ans. Bien différent de l'Auteur de *Cinna*, qui chercha, dit-on, par jalousie à éloigner Racine du théâtre, Shakespéar y fit paraître le Jeune Benjohnson, et l'y soutint autant par son crédit que par ses encouragemens. Ce trait de générosité honore plus sa mémoire que la meilleure de ses tragédies.

Sidney se montra zèlé Partisan de la Liberté. Après le rétablissement de la royauté, il quitta l'Angleterre; mais ayant eu l'imprudence d'y rentrer à la sollicitation de ses amis, il eut la tête tranchée, en 1685. La cour ne put lui pardonner son républicanisme et la fierté de son ame, développés dans son *traité du gouvernement*, ouvrage qui a été long-tems le Bréviaire des Hommes Libres.

Sidney veut que le Monarque soit soumis aux loix; et que les Peuples ne dépendent que de celles-ci : ces principes aujourd'hui populaires en France et en Angleterre, furent alors traités de paradoxes par les esprits faibles, de blasphême par les ames serviles, et de crime de Lèze-Majesté par les Rois.

Simonneau, Maire d'Etampes, et le premier Magistrat des Francs régénérés, qui ait eu le rare bonheur de s'immoler et de mourir pour la Loi.

Les honneurs rendus à sa mémoire, attesteront à jamais la reconnaissance d'un Peuple libre ; en même tems qu'ils reveilleront dans l'ame des Magistrats faibles et prévaricateurs, l'amour de la gloire et la crainte de l'ignominie.

SOCRATE, le plus sage des hommes, le plus éclairé des Moralistes, et l'une des plus illustres victimes de la vérité.

Tous ces fiers Conquérans, Rois, Princes, Capitaines,
Sont moins grands à mes yeux, que ce Bourgeois d'Athènes,
Qui sut pour tous exploits, doux, modéré, frugal,
Toujours vers la Justice aller d'un pas égal.

Nous invitons les honorables Membres de la Congrégation des Rites ou de la Propagande, à s'armer d'un Microscope, et à chercher dans tous les coins et recoins du troisième Ciel, quelques *pauvres d'esprit*, qu'ils puissent mettre en parallèle avec ce *Bourgeois d'Athènes*, qui fut pauvre aussi, mais d'un autre genre de pauvreté. Le succès de leurs recherches nous remplira de la joie la plus pure, en même tems qu'il confondra tous les impies, présens, passés et à venir.

SOLON, Philosophe et Législateur.

L'aristocratie, dont le sort fut toujours de joindre à la plus insigne mauvaise foi, l'ignorance la plus grossiere, se tue à crier, que les loix nouvelles étant faites par des .... Philosophes, sont essentiellement mauvaises. Comme si les *hommes d'état* Breteuil, Calonne, Bertrand et compagnie, étaient plus capables et surtout plus dignes de donner des loix à une nation éclairée, que les Syeyes, les Thomas Payne, les Pétions etc. Comme si les plus grands Legislateurs de l'antiquité n'avaient pas été des Philosophes ; comme si les lois d'un Zoroastre, d'un Solon, d'un Pythagore, d'un Zaleucus, d'un Charondas, n'étaient pas plus avouées par la raison et par l'humanité, que les *Légicules* d'un Justinien, d'un Pierre, d'un Frédéric, d'un Brienne, d'un Lamoignon, etc. Comme si la législation de l'Europe n'était reconnue si barbare et si défectueuse, que parce qu'elle a été tracée avec l'épée, et faite par des Rois ou Conquérans, qui ne connaissaient ni le cœur humain, ni les droits de l'homme. Comme si, comme si, etc.

Mais laissons l'Aristocratie insulter tranquillement au bon sens et à l'humanité.

Solon avoua qu'il avait donné aux Athéniens, non pas les meilleures lois, mais celles qu'ils étaient en état de supporter. Grand exemple pour des Législateurs !

Voyez les lois de Solon dans le Voyage du Jeune Anacharsis.

SOPHOCLE, le Corneille des Grecs.

Sophocle enfin donnant l'essor à son génie,
Accrut encor la pompe, augmenta l'harmonie;
Intéressa le Chœur dans toute l'action,
Des vers trop raboteux polit l'expression ;
Lui donna chez les Grecs cette hauteur divine,
Où jamais n'atteignit la faiblesse Latine.

(BOILEAU.)

Les enfans de ce grand Homme, ennuyés de le voir vivre si long-tems l'accuserent d'être tombé en enfance. Sophocle, pour toute justification, lut aux Juges son *OEdipe*, et il fut renvoyé absous.

Des 127 pieces qu'il avait composées, sept seulement sont parvenues jusqu'à nous, savoir: *Electre*, *Ajax*, *OEdipe*, *Antigone*, *le Tyran*,

Philoctète, les Trachines et Clolon. (Voyez le théâtre des Grecs, par Brumoi.)

Sophocle, mourut la troisieme année de la quatre-vingt-treizieme olympiade, âgé de 85 ans.

Sostrate, natif de Gnide, éleva le superbe Fanal de l'Isle de Pharos, proche d'Alexandrie, regardé comme une des sept merveilles du monde.

Il florissait, il y a environ deux mille ans.

Soufflot a donné le plan et commencé la structure du superbe Edifice de Ste-Géneviève, aujourd'hui le Panthéon Français, dont il n'a pu perfectionner que le Portail, la Nef, les bas côtés et les Tours; le reste n'a été élevé sous sa conduite, que jusqu'au niveau de la naissance des voûtes, et de l'Ordre qui doit porter le Dôme. Soufflot a fait aussi la Bourse de Lyon, l'Hôpital et la Salle des Spectacles de la même Ville. Il mourut le 29 Août, 1780, âgé de 67 ans. Ces quatre vers mis au bas de son portrait, donnent en même tems une idée exacte de ses talens et de son caractère.

Pour Maître, dans son art il n'eût que la nature,
Il aima qu'aux talens on joignit la droiture.
Plus d'un rival jaloux, qui fut son ennemi,
S'il eût connu son cœur, eût été son ami.

Spicotti, Epouse et Amante de la Bédoyère.

Je trouve dans l'amour mes biens, ma volupté,
Le véritable amour ne craint point le parjure.
Aimons-nous, il suffit : et suivons la Nature.
Apprennons l'art d'aimer, de plaire tour-à-tour,
Ne cherchons, en un mot, que l'amour dans l'amour.
Que le plus grand des Rois, descende de son trône,
Vienne mettre à mes pieds son sceptre et sa couronne;

Et que m'offrant sa main pour prix de mes attraits,
Son amour fastueux me place sous le da s ;
Alors on me verra préférer ce que j'aime,
A l'éclat des grandeurs, au Monarque, à moi-même.
Cher amant, tu le sais; mon trône est dans ton cœur;
Ton cœur fait tout mon bien, mes titres, ma
grandeur.
Méprisant tous ces noms que la fortune invente,
Je porte avec orgueil le nom de ton amante ;
S'il en est un plus tendre et plus digne de moi ;
S'il peint mieux mon amour, je le prendrai pour toi..
Quels mortels plus heureux que deux jeunes amans,
Réunis par leurs goûts et par leurs sentimens,
Que les ris et les jeux, que le penchant rassemble,
Qui pensent à la fois, qui s'expriment ensemble ;
Qui confondent leur joie au sein de leurs plaisirs,
Qui jouissant toujours, ont toujours des désirs ?
Leurs cœurs toujours remplis n'éprouvent point
de vide,
La douce illusion à leur bonheur préside.
Dans une coupe d'or, ils boivent à longs traits,
L'oubli de tous les maux et des biens imparfaits.
Si l'homme, hélas ! peut l'être, ils sont heureux
sans doute. (COLARDEAU.)

Sticotti, forcée par les malheurs de sa famille, d'exercer l'art des Gossin et des Lecouvreur, et conservant dans cette profession délicate, les vertus qu'elle semblait exclure ; Sticotti unissant à la beauté les graces qui l'embellissent, la sensibilité qui la rend aimable, et la vertu qui la décore ; Sticotti contrariée par d'absurdes préjugés dans la passion qu'elle inspire et qu'elle éprouve ; Sticotti offrant mille fois de sacrifier son amour à son amant ; Sticotti, causant les malheurs de celui qu'elle adore, et lui tenant lieu de tout ; Sticotti, se condamnant à servir en qualité de Suivante dans la maison de son beau-pere ; Sticotti arrachant à ce barbare Robinocrate le regret de ne point l'avoir pour sa Bru ; et lorsqu'elle a fait connaître son véritable nom, repoussée de nouveau par la force des préjugés ; Sticotti enfin, ne trouvant le calme et le bonheur qu'après de longues infortunes; telle fut cette étrangère qui vint embellir les rives de la Seine ; et dont la génération que nous avons vu s'éteindre, pleura les malheurs, en louant sa beauté et sa vertu.

Agathe Sticotti put dire à son amant, comme autrefois Héloïse :

> Hélas ! notre union fut légitime et pure.
> On nous en fit un crime, et le ciel en murmure.

Quel est donc ce préjugé ridicule à la fois et barbare, qui interdit le nom d'Epouse à celle qui a mérité d'être Amante ? Faut-il que l'inégalité des conditions et des fortunes, s'obstine à séparer des cœurs que l'amour se plaît à unir ! Verrons-nous long-tems encore, cette lutte insensée que l'orgueil a établie entre les sentimens de la Nature, et les institutions humaines ? Non, sans doute ; elle doit cesser avec la domination des préjugés politiques et religieux. Espérons ce bienfait des progrès des lumieres, et des Loix régénératrices qu'on nous prépare. L'amour, cette première vertu, ce besoin le plus pressant de l'homme s'épurera. Les penchans les plus naturels et les plus légitimes ne seront plus contrariés. Les graces et la beauté reprendront l'empire que leur avaient arraché de fallacieuses convenances.

Au premier développement de la Nature, il sera permis d'ouvrir son cœur à l'amour. Il sera permis de choisir librement l'objet de son affection, et de mériter ses regards par une longue continuité de soins et de vertus. L'espoir, en *reposant* l'imagination, et en faisant taire les besoins impérieux des sens, conservera les forces physiques. Il donnera aux facultés morales la volonté de se perfectionner, par la perspective du bonheur. Disons mieux : il en fera connaître les moyens ; car l'amour est est le premier et le plus habile Précepteur de l'homme. Alors, mais alors seulement, la galanterie qui n'est que le simulacre d'une passion véritable, et le libertinage qui en est la dégradation, seront bannis de nos mœurs. Ils resteront l'appanage des Peuples courbés sous le joug de la Monarchie, qui cherchent dans le Dédale des intrigues amoureuses ou dans la fange de la débauche, l'oubli de leur oppression, et une ressource contre le désœuvrement de leur esprit.

Nous croyons que le tendre Epoux de Sticotti voit encore la lumière. Si ce faible hommage rendu par la sensibilité à la vertu et à la beauté malheureuses, parvient jusqu'à lui, qu'il s'attendrisse de nouveau au seul nom de sa fidelle amante ; qu'il verse encore de ces larmes touchantes qui furent autrefois son seul bien, lorque tout dans l'univers sembla l'abandonner, excepté l'amour ; larmes délicieuses, qui sont la plus douce récompense de l'homme sensible, et qu'il n'appartient qu'au véritable amour de faire couler ; larmes vertueuses, que ne connut jamais l'être immoral ou dégradé par la superstition.

Sensible la Bedoyère, tu osas, quoique né dans une caste privilégiée, et sous le plus avilissant despotisme, tu osas élever ta voix chaleureuse contre le plus inique des préjugés. Tu prouvas que l'homme livré à lui-même et docile aux mouvemens de la Nature, regarde avec mépris ces insultantes distinctions que le despotisme a fait éclore. Console-toi ; cet absurde préjugé qui fut la cause de tes malheurs, la redoutable opinion la foudroyé, et bientôt les Loix vont l'anéantir. Tu seras le témoin de cette révolution tant désirée. Cette récompense est due à ta philosophie, et cette réparation à l'injustice dont tu fus la victime.

STROZZI, le Brutus des Florentins, fut le chef de la conjuration contre Alexandre de Médicis. Le tyran périt, mais la tyrannie lui survécut. Le fils d'Alexandre poursuivit les projets de son père, et vengea sa mort. Strozzi ayant été pris dans la forteresse où il s'était retiré, fut appliqué à la Question qu'il soutint avec beaucoup de courage. Menacé d'être mis une seconde fois à la torture, il saisit une épée qu'un Soldat avait laissé par mégarde dans sa Chambre, se la plonge dans le sein, après avoir écrit sur le manteau de la cheminée, ces paroles de Didon, au quatrième livre de l'Eneïde.

Exoriare aliquis nostris ex ossibus ultor!

Ce vœu n'est pas encore exaucé, magnanime et infortuné Strozzi; tu n'es pas encore vengé. Les Médicis ont pendant deux siècles, régné tranquillement sur un Peuple qui fut Libre; et après l'extinction de cette famille, les Rois de l'Europe ont livré à la tyrannique maison d'Autriche, une contrée qui fut le théâtre de tes vertus; mais le tocsin a sonné. Le tems approche où cette même Nation qui donna si généreusement azyle à tes descendans, portera sur les rives de l'Arno, l'étendart de la Liberté, et le culte des héros qui sont morts pour elle; alors tes manes seront vengés.

Sarozzi expira en 1538. C'était un vrai Républica in. Il aimait surtout l'Egalité qui est l'ame des Démocraties. Il posséda les premieres dignités de sa patrie, sans faste et sans orgueil. Si quelqu'un de ses concitoyens, au lieu de l'appeller *Philippe*, lui donnait le titre de *Messire*, il se mettait en colère, comme si on lui eût fait une injure. *Je ne suis*, disait-il, *ni Avocat, ni Chevalier, mais Philippe, né d'un Commerçant. Si donc vous voulez m'avoir pour ami, appellez-moi simplement de mon nom, et ne me faites plus l'njure d'y aojuter.*

des titres ; cas attribuant à l'ignorance la premiere faute, je prendrai la seconde pour un trait de malice.

Suger, de simple moine devint premier Ministre de Louis le Jeune ; son esprit actif et laborieux suffisait à tout. S'il ne put empêcher Louis VII d'aller faire égorger des milliers de Français dans la Palestine ; il eut au moins la gloire de maintenir la paix et l'abondance dans le Royaume pendant l'absence du roi, et de fournir de l'argent à cet imbécille monarque, sans surcharger le peuple. On ne nous saura pas mauvais gré de mettre ici le parallele, qu'un philosophe a fait du Moine Bernard et de Suger.

» Ces deux hommes avaient tous deux de la » célébrité et du mérite. Le premier avait l'esprit » plus brillant : le second l'avait plus solide. L'un » était opiniâtre et infléxible ; la fermeté de l'autre » avait des bornes. Le Solitaire était spécialement » touché des avantages de la religion ; le Ministre, » du bien de l'Etat. Bernard avait l'air, l'autorité » d'un homme inspiré : Suger les sentimens et la » conduite d'un homme de bon sens. Un sage n'a » jamais raison auprès de la multitude contre un » enthousiaste. Les déclamations de l'un l'emporterent sur les vues de l'autre, et le zèle triompha » de la politique. Les suites de cette entreprise » également honteuse et funeste, apprirent à » l'univers qu'un Homme d'Etat lit mieux dans » l'avenir qu'un prétendu Prophête ».

Suger mourut en 1152, âgé de 70 ans.

Sully, Ministre vertueux, intelligent et économe. La postérité a oublié qu'il fut en même tems, habile Négociateur et grand homme de guerre, soit pour l'attaque, soit pour la défense des places. Sully considéré comme Administrateur, fut un prodige pour son siecle. Tous ceux qui de nos jours ont écrit sur la finance et sur l'économie politique, avaient puisé le germe de leurs idées dans les Mémoires de Sully. Les opérations de ce Ministre étaient fondées sur cette éternelle vérité; *que l'agriculture est la base des états et la source des revenus publics*, vérité que Colbert et ses successeurs n'ont que trop méconnue pour le malheur de la France.

On peut voir dans l'éloge de Sully par Thomas, et surtout dans les excellentes notes dont il est suivi, le bien que ce grand Administrateur fit à son pays et celui qu'il voulut faire.

Sully mourut en 1641, âgé de 81 ans, dont il en avait passé 30, disgracié de la cour et éloigné des affaires.

Sulpicia, Dame Romaine vivait sous Domitien contre lequel elle fit un poëme à l'occasion de l'expulsion des philosophes. Elle avait aussi composé un poëme sur l'amour conjugal, dont nous devons regretter la perte; car les anciens en font l'éloge.

T.

Tacite, véritable Romain pour l'élévation des sentimens, et pour la force du caractère. Tite-Live avait peint les hommes libres et vertueux de la République; Tacite ne peignit que les esclaves corrompus d'un Tibere et d'un Néron; mais il les peignit avec l'énergique indignation de la vertu. On lui reproche d'avoir trop rembruni ses couleurs; mais on ne peut lui contester la gloire d'avoir le premier mis à nud le cœur des tyrans, et d'avoir vengé l'humanité, en les forçant de contempler eux-mêmes le noir tableau de leurs crimes.

Tacite élevé aux honneurs sous les deux premiers Vespasiens, parvint au Consulat sous Trajan; et se distingua par ses vertus publiques et privées.

Tasman, un des plus célebres Navigateurs qui aient existé, sortit de Batavia le 14 Août 1642, découvrit par 42 degrés de latitude-Sud, et environ 155 degrés de longitude à l'Est du Méridien de Paris, une terre qu'il nomma Vandiemen faisant partie de la Nouvelle-Hollande, comme on l'a reconnu depuis. Ensuite s'avançant à l'Ouest, vers le 160e. degrés de longitude orientale, et le 42e. de Lat. Sud, il découvrit la New-Zélande, qu'il regarda comme faisant partie d'un continent. Mais le célebre Cook en la tournant, a prouvé qu'elle formait deux îles. Tasman en suivit la côte jusqu'au 34e. degré de Latitude Sud; d'où il cingla au Nord-Est et découvrit par environ 22 degrés 35 minutes, les îles Pylstaart, Amsterdam et Rotterdam. Il ne poussa pas ses recherches plus loin, et revint à Batavia, en passant par la Nouvelle Guinée et Gilolo.

Tell (Guillaume) fut un des principaux auteurs de l'insurrection des Suisses contre la Maison d'Autriche, en 1307. Sans adopter légerement le conte de la fléche qu'il fut condamné à abbattre de dessus la tête de son fils, nous rapporterons, comme un fait certain, qu'il tua d'un coup de fléche le Gouverneur Grisler qui l'avait fait mettre en prison; et que ce fut le signal des conjurés.

Lemierre a mis Guillaume-Tell sur la Scène.

Terpandre a prouvé quel était l'empire de la musique sur les peuples sensibles de la Grece. Par ses chants mélodieux accompagnés des concerts de la Guitare, il vint à bout d'appaiser une sédition qui s'était élevée à Lacédémone. Mais ayant ajouté une corde à la lyre, les Ephores craignirent que cette innovation n'en amenât une dans les mœurs et condamnerent l'Auteur à l'amende. Terpandre remporta plusieurs fois le prix aux Jeux Pythiques. Il est inutile d'observer qu'il excellait également dans la poësie et dans la musique. Ces deux arts étaient autrefois inséparables.

Les vers sont enfans de la Lyre ;
Il faut les chanter, non les lire.

(LAMOTTE.)

THALÈS, le premier des sept sages de la Grece, était à la fois grand Astronome, grand Géométre et excellent Philosophe ; il voyagea dans plusieurs contrées et principalement en Egypte, où il puisa d'immenses connaissances. Il est le fondateur de la secte Jonique. Une de ses maximes était celle-ci : « le bonheur du corps consiste dans la santé, et celui de l'esprit dans » la science ». Il avait établi d'après Homere et les Egyptiens, que l'eau était le principe de toutes choses.

Thalés mourut à 90 ans, la quatrieme année de la cinquante-huitieme olympiade.

THÉOCRITE, Poëte-Pastoral, florissait trois siecles avant l'Ere Chrétienne.

Entre ces deux excès la route est difficile.
Suivez, pour la trouver, Théocrite et Virgile.
Que leurs tendres écrits par les graces dictés,
Ne quittent point vos mains, jour et nuit, feuilletez.
Seuls dans leurs doctes vers ils pourront vous apprendre
Par quel art sans bassesse un Auteur peut descendre,
Chanter Flore, les champs, Pomone, les vergers,
Au combat de la flûte animer deux bergers,
Des plaisirs de l'amour vanter la douce amorce,
Changer Narcisse en fleurs, couvrir Daphné d'écorce ;

Et par quel art encor, l'Eglogue quelquefois,
Rend dignes d'un Consul la campagne et les bois.

(Boileau.)

Théocrite n'a pas autant de correction et de délicatesse que Virgile; mais il est peut-être plus naturel. D'ailleurs, il lui restera toujours la gloire attachée aux inventeurs d'un art, ou à ceux qui l'ont porté à un certain degré de perfection.

Theocrite fut, dit-on, puni de mort, pour avoir écrit quelques Satyres contre Hieron, tyran de Syracuse, qui sans doute les méritait bien, puisqu'il avait usurpé la souveraineté de sa Patrie.

Thémistocle. Il vint un homme qui tourna vers la marine l'activité des Athéniens; et la Grèce fut sauvée.

Profitons de cet exemple dans la guerre maritime, où nous serons incessamment engagés; construisons des flottes, et sachons bien nous persuader que celui qui est maître de la mer, l'est aussi de la terre.

Toutes les pensées, toutes les vues, toutes les actions de Thémistocle furent constamment dirigées vers la gloire d'Athènes. On l'accusa d'orgueil et d'ambition. Mais peut-on blâmer un Citoyen de se complaire dans le bien qu'il a fait à sa Patrie? Peut-on surtout, lui enlever la conscience de ses services et de sa vertu? Au reste Thémistocle prouva qu'il aimait sincérement la liberté de la Grece, lorsqu'après son exil, retiré à la cour de Xerxès, il aima mieux mourir que de servir le ressentiment de ce Prince contre ses Concitoyens.

N'oublions pas un trait qui fait honneur à la modération de Thémistocle.

Le Lacédémonien Euribiade, à qui il avait le plus contribué à faire décerner le commandement de la flotte, ayant levé le bâton sur lui, en l'accablant d'invectives, il ne se crut point obligé de tirer l'épée pour venger cette injure, à la manière de nos Spadassins. Il se contenta de lui répondre froidement : *frappe ; mais écoute*. Puissent les Francs, instruits par cet exemple, avoir le courage de sacrifier leurs ressentimens particuliers à l'intérêt de la Patrie ! Puissent-ils enfin renoncer à ces combats féroces à la fois et ridicules, où l'homme le plus cher à son pays par ses talens et par ses vertus, est exposé à succomber sous les coups d'un vil et inutile gladiateur !

Théophraste, fut disciple de Platon et d'Aristote. Ce dernier ayant été obligé de quitter Athènes, lui confia ses écrits à condition de les tenir secret ; et c'est par le Disciple que sont venus jusqu'à nous les ouvrages du maître. Son nom devint si célebre dans toute la Grece, qu'il compta dans le Lycée jusqu'à 2000 Elèves. Il mourut accablé d'années et de fatigues, en se plaignant de la briéveté de la vie.

Il ne nous reste qu'un petit nombre de ses ouvrages parmi lesquels on distingue ses *caracteres* qu'il publia à 99 ans. Ils renferment des leçons de morale fort utiles.

Theoxène s'est signalée par un courage et une fermeté héroïques. Après que Philippe, tyran de Macédoine, eût fait mourir les principaux Seigneurs de Thessalie, Pâris et Thèoxene, pour éviter sa cruauté, prirent le chemin d'Athènes ; mais ils voguerent si malheureusement, que les vents les repousserent dans le port même d'où ils étaient partis.

Les gardes les ayant découverts au lever du soleil en avertirent le Prince, et s'efforcerent de leur ôter cette liberté qu'ils estimaient plus que leur vie. Dans cette cruelle extrémité, Pâris emploie les prieres pour appaiser les soldats, et pour appeller les Dieux à son secours ; mais Thèoxene voyant la mort inévitable, et ne voulant pas tomber entre les mains du Tyran, sauve ses enfans de la captivité par une résolution extraordinaire. Elle présente un poignard aux plus âgés, et aux plus jeunes un vase plein de poison. « Il n'y a plus, » dit-elle, d'espoir pour notre liberté et pour » notre vie; et puisqu'il faut se résoudre à la » mort, courage, mes enfans, il vaut mieux en » choisir une, que d'être contraint de la rece- » voir par la main de ces insolens; que ceux » qui sont forts se servent du fer; et que ceux « qui sont faibles, prennent ce breuvage ».

Ses enfans lui ayant obéi, elle les jeta dans l'eau à-demi-morts; et embrassant son mari, elle se précipita dans la mer avec lui, à la vue des soldats qui fondaient en larmes. (DICT. HISTOR.)

THRASÉA, une des plus illustres victimes de la tyrannie. » Néron, dit Tacite, voulut, après » le massacre des citoyens les plus distingués, » anéantir la vertu même dans la personne de » Thraséa. » Et ce Romain eut ordre de mourir. On l'accusa de s'être absenté le jour de l'apothéose de Poppée. Mais ce n'était-là qu'un vain prétexte. Ses vertus Républicaines, et le juste mépris que lui avait inspiré Néron, voilà ses crimes; ils étaient irremissibles aux yeux du farouche tyran. Thraséa se fit ouvrir les veines, et attendit la mort avec la fermeté d'un Stoïcien, exhortant son gendre Helvidius à s'armer du courage qui lui était nécessaire, dans les cruelles circonstances où se trouvait le peuple Romain.

THRASIBULE Général Athénien, chassa les trente tyrans, et rétablit la Liberté dans sa Patrie. Il mit ensuite le scéau à la tranquillité publique, par une amnistie générale, la première dont il soit fait mention chez les Grecs. Une couronne de laurier lui fut décernée comme au Restaurateur de la paix.

Thrasybule combattit ensuite avec succès les Thraces et les Lacédémoniens; mais il succomba sous la trahison des Aspendiens alliés de Sparte. Il fut tué dans la Pamphilie, la quatrième année de la 97.eme Olympiade.

Thucydide. Que ne peut point une noble émulation, lorsqu'elle est secondée par les dons de la Nature ?

Thucydide entendit réciter à Athènes l'Histoire d'Hérodote, pendant la fête des Panathénées; et il devint Historien. Il eût sur son modele l'avantage de raconter des événemens auxquels il avait eu part ou dont il avait été témoin oculaire, pendant huit ans. Car il fut tout à la fois, guerrier et Homme d'Etat; c'est-à-dire, qu'il se trouva dans les deux positions les plus favorables, pour acquérir les connaissances nécessaires à un Historien.

Ce fut pendant son exil, qu'il composa l'histoire des vingt-une premieres années de la guerre du Péloponnèse. Ce qui le distingue d'Hérodote, c'est un jugement toujours sain, et une grande précision de style.

Thucydide mourut la même année où se termine son histoire, c'est-à-dire, la deuxieme de la 98e Olympiade.

Thurot, fameux Armateur de Boulogne, commença par être Mousse et *Frater*. Il était prisonnier en Angleterre, dans la guerre de 1741, lorsqu'il trouva moyen de s'emparer d'un bateau; et sans autre guide que lui-même, il arriva heureusement à Calais. Belle-Isle, instruit de cette aventure, se déclara son protecteur. Dans la guerre de 1756, Thurot se signala par plusieurs actions glorieuses. On lui confia en 1760, cinq frégates avec lesquelles il fit une descente en Irlande; mais l'Escadre Anglaise, lui ayant livré combat, il fut tué à l'âge de 35 ans. Intelligence, activité, prudence, courage, fermeté, amour de la Patrie et de la gloire, voila les qualités qui distinguaient ce Héros ; et peut-être ne lui a-t-il manqué qu'une plus longue vie, pour être placé au rang des plus grands Hommes de mer.

L'Assemblée Législative a décrété une Pension pour la Fille de cet intrépide Marin.

Timoléon, un de ces hommes rares, qui ont aimé la Liberté pour elle-même. Brutus avait fait condamner ses propres enfans qui voulaient rétablir la tyrannie. Timoléon poignarda son propre Frere qui aspirait à la suprême puissance. Il est donc vrai que, chez tous les Peuples, le sincère amour de la Liberté, étouffe souvent la voix de la Nature !

Cependant le sensible Timoléon ne put résister à ses remords et aux reproches de sa Mere. La ville lui devint odieuse. Il se retira à la campagne, et y passa 20 ans, sans cesse occupé à pleurer sa malheureuse destinée. Il fut tiré de sa retraite pour aller seconder les efforts des Syracusains contre la tyrannie. Timoléon, trompant la vigilance des Carthaginois-Prussiens qui étaient venus au secours du Tyran, force Denys-Capet de se remettre entre ses mains, et l'envoye à Corinthe. Ensuite, quoiqu'il fut très-inférieur en forces, il remporta une victoire complète sur les Carthaginois et les obligea de demander la paix.

Après avoir pacifié la Sicile, et rétabli la Liberté à Syracuse, Timoléon y vécut en homme privé, sans aucune envie de dominer, et satisfait de jouir tranquillement de sa gloire. Il emporta au tombeau les regrets des Siciliens, et la vénération de la Grece.

Timothée, Capitaine Athénien, fils du célebre Conon, qui gagna la bataille d'OEgos-Potamos, marcha sur les traces de son père par le courage, et le surpassa en éloquence et en politique. Il s'empara de Corcyre, et battit les Lacédémoniens sur mer, dans la 101eme. Olympiade. Dans la suite, condamné à une amende de cent talens, par les intrigues de Charès, et hors d'état de la payer, il se retira à Chalcide, où il mourut. Timothée réunissait la prudence au courage, et il relevait ses grandes qualités par un noble désintéressement.

TIMANTHE. Ce Peintre fameux vivait du tems de Philippe, Roi de Macédoine. Il fut un des plus savans et des plus judicieux artistes de son siècle. Tout le monde a entendu vanter son Tableau représentant le Sacrifice d'Iphigénie. Il avait peint cette jeune Princesse d'une beauté surprenante, et semblant se dévouer elle-même pour le salut de sa Patrie. Ses amis, ses parens y paraissaient avec des caractères de tristesse fortement exprimés. Mais le Peintre ne pouvant rendre d'une manière énergique la douleur d'Agamemnon, avait pris le parti d'envelopper d'un voile le visage de ce malheureux père. Idée heureuse, qui donnait bien plus à penser, que n'auraient fait tous les efforts de l'art. Pour peindre la douleur à découvert, c'était-là le véritable talent de Timanthe de donner à entendre beaucoup plus de choses qu'il n'en mettait dans ses Tableaux.

TIMOTHÉE, Poëte-Musicien, devint le plus habile joueur de Cithare de son siècle; il ajouta même des Cordes à cet instrument. Il introduisit dans la Musique, le genre Chromatique, et changea l'ancienne maniere de chanter simple et unie, en une nouvelle maniere fort composée. En un mot, il fut l'Auteur d'une révolution dans la Musique; et c'est à ce titre que nous lui donnons une place dans notre Calendrier. Nous espérons que Sainte-Cécile ne le trouvera pas mauvais.

Timothée était contemporain d'Euripide qui encouragea ses talens et le soutint contre l'injustice qui le poursuivit d'abord.

Tite-Live. La Liberté Romaine venait d'expirer sous l'astucieuse tyrannie d'Octave. Le dévouement héroïque des Décius, la grandeur d'ame des Catons, la haine des Brutus pour les tyrans, les grands exploits des Scipions, le noble désintéressement des Fabricius, l'Eloquence Patriotique des Cicérons, enfin, quatre siècles de travaux, de vertus et de courage, allaient disparaître sous les récits empoisonnés du Despotisme, lorsque la fortune de Rome suscita un Historien, digne par ses principes Républicains, de transmettre à la postérité les actions des hommes libres ; un Historien qui, par la majesté de son style, atteignit le niveau du peuple dont il écrivait les Annales ; et cet Historien fut Tite-Live.

Toricelli, Mort à Florence, en 1647, à 39 ans, fut Disciple et ami du grand Galilée auquel il succéda dans la chaire de Professeur de Mathématiques. Il porta les lunettes d'approche à un point de perfection inconnu avant lui. Il fut le premier qui fit des Microscopes avec de petites boules de verre, travaillées à la lampe ; et il inventa les expériences de vif argent avec le tuyau de verre, dont on se sert pour les faire, et qui porte son nom. Sa mort prématurée arrêta bien d'autres découvertes, auxquelles on s'attendait de la part de ce grand Homme.

Tournefort sentit de bonne heure, pour la science de la Botanique, cetre passion irrésistible qui annonce le talent et qui présage le succès. Ses courses dans toutes les parties de la France, ses voyages en Grece, en Asie et dans toute l'Europe, nous ont fait connaître une infinité de plantes, dont on ne soupçonnait pas même l'existence.

Voici le système de Tournefort. Il réduit toutes les plantes à 14 classes, par le moyen desquelles on descend à 673 genres, qui comprennent sous eux 8846 especes de plantes, soit de terre, soit de mer. (*Voyez l'art.* Linné).

Cet infatigable et savant Botaniste, mourut en 1708, à 52 ans.

Tourville, fameux Général de mer, fit son apprentissage sur les galères de Malthe, et se signala dans divers combats contre les Corsaires d'Afrique. Attaché à la marine par Louis XIV, il fit respecter le Pavillon Français, et perfectionna l'art des signaux. En 1690, il remporta à la vue de Dieppe, une victoire complète sur les Escadres combinées d'Angleterre et de Hollande. Deux ans après, ayant reçu ordre d'attaquer ces mêmes ennemis, quoiqu'infiniment supérieurs, il fut vaincu à la fatale journée de la Hogue; mais cette défaite ne fit qu'ajouter à sa gloire. Cet habile Marin finit ses jours en 1701, à 59 ans.

Tromp, Amiral Hollandais, dut son élévation à son mérite. Il s'embarqua à huit ans pour les Indes, fut pris successivement par des Pirates Anglais et Barbaresques, et apprit d'eux les combats de mer; devenu Amiral de Holande, il défit en 1636, la grande flotte d'Espagne; et après avoir remporté un grand nombre de victoires navales, il fut tué sur le tillac, dans un combat contre les Anglais, en 1653. Les Etats-Généraux lui rendirent les plus grands honneurs, et même frapperent des médailles pour honorer sa mémoire. Tromp fut modeste au milieu de son élévation; il n'accepta de tous les titres d'honneur qu'on voulut lui déférer, que celui de Grand Père des Matelots; et dans la ville de la Brille, où il était né, il ne prit jamais que la qualité de Bourgeois. Son fils, Corneille, marcha dignement sur ses traces.

Truchet, fameux Méchanicien du siecle dernier, a enrichi les manufactures de plusieurs découvertes

découvertes. Il travailla à perfectionner les filieres des Tireurs d'or de Lyon, le blanchissage des toiles à Senlis, et les machines des monnaies.

C'est lui qui a inventé la machine à transporter de gros arbres tous entiers sans les endommager. Truchet était doux, modeste, désintéressé, et selon l'expression de Condé, aussi *simple que ses machines*.

Il mourut en 1729, âgé de 72 ans. Il est inutile de dire qu'il reçut la visite du Czar Pierre, du Duc de Lorraine, et de plusieurs autres Princes. Cet *honneur* n'en est plus un; c'était Truchet qui honorait ces *mangeurs d'hommes*.

Turenne. Quoiqu'il n'eût point gagné de batailles rangées; quoiqu'il n'eût point fait de conquêtes éclatantes, et qu'il eût même été battu plusieurs fois, Turenne passa pour un des plus habiles Généraux du siecle dernier, de ce siecle si fécond en grands Hommes de guerre.

Il fut modeste, quoique Prince, et environné d'une gloire bien méritée; sensible, quoique accoutumé aux scènes de carnage; avare du sang des hommes, quoique pouvant le répandre à son gré; et regardé comme un homme de bien, malgré les cruautés exercées dans le Palatinat.

Un coup de canon parti du camp de Montecuculli, le 17 Juillet 1675, enleva à la France un défenseur, et à l'Humanité un être qui l'honorait.

Voyez le parallele de Turenne et de Condé, dans l'Oraison funèbre de ce dernier, par Bossuet.

Turgot, le Héraut de la Révolution. Louis XVI lui confia en 1775, l'Administration des Finances: « c'était les confier à la vertu. Formé » aux affaires dans l'Intendance du Limousin, » il y avait acquis une de ces réputations solide » qui attirent l'estime. La fécondité de ses prin- » cipes le conduisait à accroître le commerce par » la Liberté, l'industrie par les droits rendus à

» chacun de l'exercer, l'Agriculture par la simplification de l'impôt, l'aisance par le soulagement de la classe pauvre des Citoyens, la perfection de l'Administration générale par la popularité des Administrations particulieres. » Capable de tout voir, et déja persuadé de cette vérité dont l'Assemblée Constituante nous a convaincus, qu'il fallait reconstruire toute la machine, il voulut tout faire. On le lui reprochait. *Dans ma famille*, dit-il, *on ne passe pas 50 ans : j'ai peu d'années à vivre ; je dois ne rien laisser d'interrompu après moi. C'était soulever contre lui cette foule d'hommes en crédit dont l'existence se compose des malheurs publics. Les ennemis parurent par-tout, il fut obligé de se retirer* ». (Rabaud.)

Turgot mourut en 1781, âgé de 54 ans, avec la réputation d'un Ministre aussi intelligent que vertueux.

Condorcet a écrit sa *Vie*. Nous y renvoyons nos Lecteurs.

Tutole, Jeune Esclave, donna aux Romains un Avis qui les tira d'un pas fâcheux. Les Latins campés devant Rome, demandaient leurs filles en mariage et menaçaient en cas de refus, d'assiéger la Ville. Tutole conseilla au Sénat de faire prendre aux Servantes, les habits de leurs maîtresses, et de les envoyer à l'ennemi pour le distraire de ses projets. Ce conseil fut suivi, et réussit au gré des Romains. Ces Esclaves voyant leurs Amans plongés dans un profond sommeil, enlevèrent leurs armes ; et par un signal convenu, appellèrent l'armée Romaine dans le camp de l'ennemi, dont elle n'eût point de peine à s'emparer.

Tycho-Brahé, un des plus grands Astronomes de son siecle, détermina les principales étoiles de l'équateur, et la situation des autres ; soumit a calcul les réfractions astronomiques, et découvrit dans la lune trois mouvemens qui servent à expliquer sa marche.

Tycho-Brahé était tout à la fois grand Astronome, habile Chimiste et excellent Méchanicien. Mais il eut la folie de l'Astrologie Judiciaire.

Dans sa *jeunesse*, il s'était marié à une paysanne ; ce qui s'appellait *se mésallier*, et ce qui l'avait brouillé avec *sa très-noble famille*. La disgrace n'était pas grande pour un Philosophe. Dailleurs, le Roi de Danemarck et l'Empereur Rodolphe, chercherent à la lui faire oublier. Il mourut dans les Etats de ce dernier, en 1601, à 55 ans.

TYRTÉE.

Tyrtæusque mares animos in martia bella
Versibus exacuit. (HORACE.)

Sparte ayant demandé un Général aux Athéniens, ceux-ci lui envoyerent par dérision le Poëte Tyrtée, qui était petit, contrefait, et d'une profession peu militaire ; car il était maître d'école. Le nouveau Général trouva les Lacédémoniens abattus par plusieurs défaites. Mais à peine eurent-ils entendu ses vers qui respiraient tous l'amour de la Patrie et le mépris de la Mort, que transformés soudain en des hommes nouveaux, ils battirent complètement les Messèniens, et leur imposerent des lois.

Lacédémone, pour reconnaître les services de Tyrtée, lui accorda le droit de Bourgeoisie, qui était le plus grand honneur que put recevoir un Etranger. Il nous reste encore quelques vers de ce Poëte ; ils justifient l'impression qu'ils firent, il y a plus de 2000 ans, sur des guerriers Spartiates.

U.

ULRIQUE, Princesse de Suède, gouverna l'Etat avec beaucoup de sagesse pendant les expédisions romanesques de son frere Charles XII. Après la mort de ce Dom-Quichotte-royal, premier du nom en Suède, Ulrique fut reconnue Reine, et à la sollicitation des Etats renonça solemnellement à la couronne héréditaire et au pouvoir absolu. Grand et mémorable exemple que n'a point suivi Marie-Thérèse en Autriche; que n'a point suivi Marie en Portugal; que n'ont point suivi Catau premiere, Elizabeth, Anne et Catau seconde en Russie; que n'aurait point suivi Marie-Antoinette en France, si etc. Que ne suivrait point Marie à Naples, si etc. Que ne suivrait point Marie en Espagne, si etc.

Ulrique mourut en 1741, à 54 ans, emportant les regrets des Suédois, et la vénération des Philosophes.

V.

VANDYCK, Peintre Flamand, a été nommé le *roi du Portrait*. Sans être aussi savant, ni aussi universel que son Maître Rubens, il a donné plus de fraicheur à ses carnations et plus d'élégance à son dessin. Il saisissait admirablement l'instant où le caractère d'une personne se développe d'une maniere plus avantageuse; et c'est ce qui les distingue de tous les autres Peintres.

Vandyck mourut en 1641, n'étant âgé que de 42 ans.

VANLOO. C'est le nom de quatre Peintres fameux et tous quatre Français. Jean-Baptiste mort en 1745, réussit très-bien à peindre l'Histoire. Mais il est surtout recommandable par ses Portraits. Ses deux Fils se sont montrés dignes d'un tel père: Son Frere (*André*) qui était aussi son Eleve, l'a égalé, s'il ne l'a point surpassé. On a de lui plusieurs excellens tableaux, entre autres, le *Sacrifice d'Iphigénie*, *Thésée vainqueur du Taureau de Marathon*, *Saint-Charles Boromée*, etc. Il était chargé de travailler aux nouvelles Peintures de la

Coupole des Invalides et il en avait déjà fait les esquisses, lorsque la mort l'enleva en 1764, à 61 ans. On l'a appellé le dernier des grands Peintres d'Histoire en France. Un caractère obligeant, une bonté naturelle, et beaucoup de vivacité dans l'esprit, distinguaient les Vanloos.

VARRON fut regardé comme le plus docte des Romains. La postérité a oublié ses vertus militaires, pour ne s'occuper que de son savoir. Il assure lui-même qu'il avait composé plus de 500 volumes, sur différentes matières. Aussi passa-t-il dans les travaux de l'étude, une vie qui fut de plus de cent ans. Ami intime de Cicéron, il soutint, comme lui, la cause de la Liberté ; et comme lui, il fut proscrit.

Il ne nous reste de ses ouvrages, que son Traité de la *Langue Latine* dédié à Cicéron, et celui de la *vie rustique*, tous deux fort estimés.

VASCO DE GAMA, s'est immortalisé par la découverte du Cap-de-Bonne-Espérance, qu'il doubla en 1497. Il fit trois voyages dans l'Inde, le dernier, avec le titre de Vice-Roi. Il mourut à Cochin, en 1525, après avoir fait respecter le nom Portugais dans l'Inde, par ses victoires et celles de ses Lieutenans.

VAUBAN, le plus grand Ingénieur qui ait jamais été, et l'un des hommes les plus vertueux que la France ait vus naitre.

Celui-ci dont la main raffermit nos remparts,
C'est Vauban ; c'est l'ami des vertus et des Arts.

(HENRIADE.)

Vauban fortifia suivant le système dont il est le créateur, 300 places anciennes, et en construisit 33. Il se trouva à 144 actions, et conduisit 53 siéges. Ses vertus civiles égalaient ses talens pour la guerre ; et ce qui est plus étonnant encore, il eût toutes les vues d'un Administrateur bienfaisant et éclairé. Elles sont consignées dans ses

Ouvrages tant imprimés que manuscrits, où il montre une touchante sollicitude pour le soulagement de la classe la plus industrieuse et la plus souffrante. En un mot, il prouva la vérité de ce qu'avait dit Tacite, qu'il peut se trouver quelques grands hommes sous de méchans Princes.

Observons que Vauban n'obtint le bâton de Maréchal, qu'à 70 ans ; tandis que les Courtisans d'Estrées, Vivonne, Humière et Villeroi, le reçurent à la fleur de leur âge.

Et qu'on ne vienne point nous vanter l'attention du Despote Louis XIV, à reconnaître par des *bienfaits* les talens et les services. Il est vrai que sur ce point il est plus digne d'éloges que ses deux successeurs. Mais combien de guerriers estimables qu'il a laissés sans récompense et sans avancement ! Duquesne, Feuquieres, Elizagarai, Dumetz et Laubanie ne purent obtenir le bâton si envié, et Villars lui-même ne l'eût que fort tard. Forbin ne fut pas même Lieutenant-Général ; Jean-Barth mourut à 52 ans, simple Chef-d'Escadre, et le brave Cassard ne parvint jamais à ce grade.

Vauban mourut en 1707, âgé de 74 ans.

VILLARS.

J'apperçois dans Denain l'audacieux Villars,
Disputant le tonnerre à l'aigle des Césars.

(HENRIADE.)

Tandis que le courtisan Tallard perdait cette bataille d'Hochstet qui fut si fatale à la France, Villars relégué dans les Cevennes par les bigots de la cour, ramenait à l'obéissance par la voie de la douceur et de la persuasion, ces malheureux Camisards que la cruauté du despote avait forcés de se soulever. Mais les progrès d'Eugène et de Marlborough le ramenerent sur le théâtre qu'il n'aurait jamais dû quitter. Il eût la gloire de tenir ces deux généraux en échec pendant plusieurs années, et de sauver la France à Dénain, en 1712. Depuis, il refusa de porter les armes contre Philippe V, que l'or et le sang des Français avaient établi sur le trône d'Espagne.

En 1734, quoiqu'âgé de 82 ans, il fut envoyé en Italie pour combattre les impériaux ; mais il mourut à Milan, regrettant le bonheur de Berwick, qui venait d'être tué d'un coup de canon au siége de Philisbourg.

Villars avait cette fierté guerriere qui repousse la bassesse. Un jour que des courtisans s'entretenaient devant lui des gains qu'ils avaient faits dans le sytême de Law, *quand à moi*, dit Villars, *je n'ai jamais rien gagné que sur les ennemis de l'Etat.*

Vinci, un de ces hommes étonnans qui parurent en Italie à l'aurore des arts, avait fait une étude particuliere des mouvemens produits par les passions ; aussi excellait-il à donner à chacune le caractère qui lui convenait.

Un de ses plus beaux ouvrages est la représentation de la Cêne, qu'il peignit à Milan dans un refectoire de Dominicains. Le peintre se vengea des tracasseries du Prieur, en le peignant à la place de Judas, une des figures qui restaient à finir.

Léonard de Vinci forcé de quitter l'Italie, par une suite de la déplorable jalousie qui s'était élevée entre lui et Michel-Ange, se retira en France, et y mourut entre les bras de François Premier, en 1520, étant âgé de 79 ans.

Virgile, le prince des Poëtes latins, mourut à Naples, l'an 736 de Rome, âgé de 52 ans.

O toi d'Homère émule trop timide.....
Sage Virgile, et pourquoi de tes aîles,
Ne pas voler par des routes nouvelles?....
Tu peins Didon, et tu n'as pas l'audace
D'aller sans guide à l'immortalité ?
Si ton rival tient le sceptre au Parnasse,
Il ne le doit qu'à ta timidité.

VOLTAIRE, un de ces phénomènes littéraires, qu'il était réservé à la France de produire, et qui a parcouru avec une égale facilité tout le vaste champ des connaissances humaines. Jamais homme n'a plus joui de sa réputation. Dans le cours d'une longue vie, il s'est énivré à loisir des hommages de l'Europe entiere. L'envie et la critique ont bien pu répandre quelque amertume sur ses jours; mais il les réduisit plus d'une fois au silence, par la supériorité de son talent, et surtout par ce magique ascendant qu'il avait pris sur son siecle. Heureux, si un amour propre singuliérement irascible, et le désir mal déguisé de la Suprématie Littéraire, ne lui avaient point fait passer les bornes d'une juste et sage récrimination! heureux, surtout s'il n'avait point cherché souvent à déprimer les Génies dont s'honorait la France, pour s'élever sur les débris de leur gloire!

Voltaire peut être considéré comme un des principaux auteurs de la Révolution, par le soin qu'il a eu de nous faire connaître les productions de la Philosophie Anglaise, et par une lutte de soixante ans contre les préjugés de tout genre, qui dégradaient en France, l'espèce et la raison humaines.

Jean-Jacques et lui ont combattu avec un égal succès le double despotisme du trône et de l'autel, l'un par la force de l'éloquence et de la dialectique, et l'autre par les armes du ridicule; et tous deux par des moyens analogues à leur caractère.

L'assemblée Constituante, chargée de la reconnaissance de la Nation, a placé cet Hercule littéraire dans le rang des hommes fameux qui ont acquis des droits aux honneurs du Panthéon.

Voltaire mourut à Paris, en 1778, âgé de 85 ans.

X.

Xénophon. On ne sait qui on doit le plus estimer en lui, du Guerrier, de l'Historien ou de l'ami d'Agésilas. Sa retraite du fond de l'Asie, avec les dix mille Grecs qu'il commandait, et l'Histoire qu'il en composa ; sa Cyropédie, et enfin, ses liaisons avec un des plus grands hommes qui aient honoré le Trône, l'ont rendu également cher à son siècle et à la postérité.

Les divers Ouvrages de Xénophon, sont très-propres à former des Guerriers et des hommes d'Etat ; Scipion et Lucullus les lisaient sans cesse. Il serait à souhaiter qu'une main habile nous en donnât une Traduction complète.

Xénophon était un vrai Philosophe dans la théorie et dans la pratique. Un jour qu'il sacrifiait, on vint lui annoncer la mort de son fils Grillus, tué à la bataille de Mantinée. Il ôta alors son chapeau de fleurs qu'il avait sur la tête. Mais lorsqu'on eût ajouté que ce fils était mort en homme de cœur, il remit aussitôt la couronne sur sa tête, en disant : *Je savais bien que mon fils était mortel* ; et il continua le sacrifice.

Z.

Zaleucus, Disciple de Pythagore et Législateur des Locriens, en Italie, eût pour but dans les Loix qu'il leur donna, de les conduire plutôt par l'honneur que par la crainte. Une de ses Loix condamnait l'adultère à avoir les yeux crévés. Son fils ayant été convaincu de ce crime, et le Peuple voulant lui faire grace, Zaleucus s'y opposa; mais à la fois bon père et Législateur conséquent, il sacrifia un de ses yeux pour épargner à son fils la moitié de la peine. On assure que cet exemple fit une si forte impression dans les esprits, que pendant la vie de Zaleucus, on n'entendit plus parler d'adultère.

Zénobie, Reine de Palmyre. Ses talens politiques et guerriers, son courage et son goût pour les Arts, l'ont immortalisée. Après la mort d'Odenat son mari, elle prit le titre d'Auguste, et posséda pendant plusieurs années, l'Empire d'Orient, malgré l'opposition des Perses et des Romains. Mais elle fut enfin obligée de céder à la fortune d'Aurelien. Cet Empereur la mena en triomphe à Rome, où il chercha par le traitement le plus généreux, à lui faire oublier ses malheurs. Elle y mourut, également honorée pour ses vertus et pour son savoir.

Zénon fut le Fondateur de la Secte Stoïcienne, de cette Secte qui donna à la République Romaine Caton et Brutus, et à l'Empire, Marc-Aurèle ; de cette Secte qui a quelquefois élevé l'homme au-dessus de l'humanité, et créé des prodiges de vertu.

Zénon, ayant fait une chûte de cheval, se donna la mort, vers la 130e. Olympiade.

Zeuxis, Peintre Grec et le Titien de l'antiquité, se distingua par l'intelligence et par la pratique du coloris et du clair-obscur. Les Agrigentins voulant avoir un tableau d'Helène, lui envoyerent les plus belles filles de leur ville. Zenxis en garda cinq; et c'est en réunissant les graces et les charmes particuliers à chacune, qu'il conçut et exécuta l'idée de la plus belle femme du monde (*). Il avait représenté des grappes de raisin avec un tel art, que les Oiseaux séduits venaient pour les becquetter.

(*) Appelles fit la même chose pour sa Vénus.

Le tendre Appelle un jour, dans ces jeux si vantés,
Qu'Athènes autrefois consacrait à Neptune,
Vit au sortir de l'onde éclater cent beautés ;
Et prenant un trait de chacune,
Il fit de sa Vénus le portrait immortel.
Sans cette recherche importune,
Hélas ! s'il avait vu l'adorable Martel,
Il n'en aurait employé qu'une. (Lainez.)

SUPPLEMENT.

Doria, le Restaurateur de la Liberté Génoise. L'Italie dans l'état de dégradation où l'ont plongée la tyrannie et le fanatisme, produit de tems en tems, quelques hommes dignes de l'ancienne Patrie des Romains. Tel fut Doria. Il joignit à la gloire d'être le plus grand Homme de mer de son tems, celle d'affranchir sa Patrie d'un joug étranger, et la gloire plus grande encore, d'en refuser la *Souveraineté*. Il est vrai qu'il ôta au Peuple toute influence dans le Gouvernement. Mais ce fut moins sa faute que celle de son siècle ; car il avait le courage, la fierté et cette austérité de mœurs qui caractérisent le Républicain.

Doria mourut en 1560, âgé de 94 ans, après avoir remporté plusieurs Victoires navales sur les Turcs et sur les Français.

ERRATA.

Discours Préliminaire.

PAGE 2, ligne 11, *lisez* nous servir.
P. 5, lig. 15, *lis.* élévés.
P. 12, lig. 50, après ces mots, et la raison, ajoutez, d'accord avec l'humanité.
P. 20, lig. 17, déterminée, *lis.* déterminés.
P. 2, lig. 9, prétenderaient, *lis.* prétendraient.
Ibid. lig. 17, assignés *lis.* assignées.

Calendrier.

Mois de la Révolution, Beniouki, *lis.* Beniowski.

Notice.

P. 5 lig. 13, réfome, *lis.* réforme, *ibid.* dernière lig. c'est *lis.* c'est à.

P. 5, lig. 10, Philsophe *lis.* Philosopphe.
P. 7, lig. 18, Tessin, *lis.* Tesin.
P. 8, 51, a quatre-vingt etc. *lis.* la etc.
P. 10, lig. 1, paissible, *lis.* paisible.
P. 11, lig. 6, en lui ne s'était pas joint, *lis.* ne s'était pas joint en lui.
P. 18, lig. 25, disposés, *lis.* disposées.
P. 37, lig. 15, araitre, *lis.* paraître,
P. 51, lig. 9, occidentale, *lis.* orientale. *Ibid.* lig. 1, 71e. *lis.* 7ie.
P. 63, lig. 6, s'avaient, *lis.* savaient. *Ibid.* lig. 34, après *naufrage*, il ne faut point de virgule.
P. 67, lig. 29, les manuscrits tant vantés, *lis.* le manuscrit tant vanté.
P. 37, derniere lig. une, *lis.* en.
P. 90, lig. 6, cite *lis.* cité.
P. 10, lig. 2, bêtisse, *lis.* bêtise.
P. 14, lig. 4, princiaux, *lis.* principiaux.
P. 127, lig. 1, -sultés, *lis.* -sulté.
141, lig. 14, em *lis.* en.
P. lig. 7, us ifié, *lis.* justifié.
P. 153, lig. 4, surplus, *lis.* superflu.
P. 164 lig. 25, ceux qui les représentent, *lis.* ceux qui représentent leurs chefs-d'œuvres.

Nota. Il s'est glissé dans cet ouvrage plusieurs autres fautes de Typographie, et quelques incorrections de style, pour lesquelles nous réclamons l'indulgence de nos Lecteurs.

www.ingramcontent.com/pod-product-compliance
Ingram Content Group UK Ltd.
Pitfield, Milton Keynes, MK11 3LW, UK
UKHW022058260726
13993UKWH00001B/193

9 782329 284798